Chère Jacqueline,
je te souhaite
Beaucoup de
micro-bonheurs,
et surtout plein de
macro-bonheurs
Toujours, Chaque jour.
Tu es une personne
fantastique . et cool !
x x x
Diane

La vie est cool

Les Éditions Transcontinental
1100, boul. René-Lévesque Ouest, 24ᵉ étage
Montréal (Québec) H3B 4X9
Téléphone : 514 392-9000 ou 1 800 361-5479
www.livres.transcontinental.ca

Pour connaître nos autres titres, consultez le www.livres.transcontinental.ca. Pour bénéficier de nos tarifs spéciaux s'appliquant aux bibliothèques d'entreprise ou aux achats en gros, informez-vous au 1 866 800-2500.

Catalogage avant publication de Bibliothèque et Archives nationales du Québec et Bibliothèque et Archives Canada

Pasricha, Neil
La vie est cool
Traduction de : The book of awesome.

ISBN 978-2-89472-456-9

1. Morale pratique - Humour. I. Titre.

PN6231.C6142P3714 2010   170'.440207   C2010-941695-3

Titre original : *The Book of Awesome*. Publié en français pour le marché de l'Amérique du Nord avec l'autorisation de Amy Einhorn Books, une division de Penguin Group USA (New York, New York, États-Unis). Tous droits réservés.
© Neil Pasricha, 2010.

Révision et adaptation : Serge Gendron
Correction : Claude Paquin
Mise en pages : Louise Besner
Toutes les photos sont de Sam Javanrouh (dailydoseofimagery.com) à l'exception de :
iStockphoto (page 74) ; Evan Long (page 231) ; Dina Kim (page 338).
Conception graphique de la couverture : Studio Andrée Robillard
Impression : Transcontinental Gagné

Imprimé au Canada
© Les Éditions Transcontinental, 2010, pour la version française publiée en Amérique du Nord
Dépôt légal – Bibliothèque et Archives nationales du Québec, 3ᵉ trimestre 2010
Bibliothèque et Archives Canada

Tous droits de traduction, de reproduction et d'adaptation réservés

Nous reconnaissons l'aide financière du gouvernement du Canada par l'entremise du Fonds du livre du Canada pour nos activités d'édition. Nous remercions également la SODEC de son appui financier (programmes Aide à l'édition et Aide à la promotion).

Les Éditions Transcontinental sont membres de l'Association nationale des éditeurs de livres.

Neil Pasricha

La vie est

cool

Traduit de l'anglais par Lise Malo, trad. a.

Les Éditions
Transcontinental

Un recueil pas comme les autres

Les calottes polaires fondent, les ouragans dévastent les côtes, les guerres ravagent le monde et le marché de l'emploi est au beau fixe.

Pas de quoi se réjouir!

Voilà pourquoi, par une fraîche soirée de printemps, j'ai lancé un site Web qui met l'accent sur les petits plaisirs de la vie, ceux dont on ose à peine parler tellement ils sont anodins. C'était une échappatoire rêvée pour un gars plate comme moi, qui bâille de 9 à 5, cinq jours par semaine.

Jamais je n'aurais cru que mes divagations sur la découverte d'un 20 dollars dans la poche d'un vieux manteau, sur l'odeur de l'essence et sur l'émission *The Price Is Right* finiraient par susciter 40 000 clics par jour.

À vrai dire, j'étais tout excité le jour où ma mère a envoyé le lien à mon père: l'achalandage venait de doubler. Puis des amis l'ont envoyé à des amis, et j'ai commencé à recevoir des suggestions d'inconnus: une nouvelle caisse qui s'ouvre à l'épicerie, l'odeur de la pluie sur les trottoirs chauds et le fait de se réveiller en panique pour se rendre compte que c'est samedi.

Ces petits moments, volés à nos vies qui nous pressent comme des citrons, semblent avoir des conséquences qui dépassent largement leur apparente banalité. Se pourrait-il que nous aimions tous regarder la neige tomber, éplucher une orange d'un trait ou faire éclater les bulles d'air des emballages?

Au fond, nous sommes peut-être tous pareils… Abattus par les mauvaises nouvelles, nous avons besoin d'échanger un clin d'œil avec le reste de l'humanité.

Dans la dernière année, le site est devenu un lieu chaleureux; des gens d'un peu partout viennent maintenant y chercher du réconfort, en souriant devant ces petites joies souvent négligées.

Venue de je ne sais trop où, cette idée m'a changé pour le mieux. Maintenant, quand le conducteur de la voiture que j'ai laissé passer m'envoie la main, quand j'entends les glaçons craquer dans mon verre ou quand je transfère les vêtements de la laveuse à la sécheuse sans en échapper aucun, je souris et je profite du moment.

Voilà l'histoire de ma présence ici. Et maintenant, c'est à vous d'y entrer. Le feu pétille dans la cheminée, et je vous ai gardé une place, là, tout près. Plus on est de fous, plus on rit!

À nous les idées…

COOL!
___

Retourner l'oreiller

—— • • ——

Vous vous réveillez en pleine nuit et n'êtes plus capable de vous rendormir. Que faites-vous?

Vous savez ce que c'est: l'horloge affiche 1:30 et vous êtes là, étendu, les yeux écarquillés, à vous mordiller les lèvres et à tripoter les draps, complètement frustré. Vos pupilles s'adaptent à la noirceur, vous explorez la pièce, identifiant les formes sombres ou regardant sur les murs les ombres profilées par la lune. Vos pensées tournent en rond, le confort vous fuit; vous avez mangé trop épicé, vous devez faire une présentation demain matin et la frustration vous maintient éveillé mieux qu'un soleil de midi.

Vous faites le mort. Vous tournez d'un côté, puis de l'autre, encore et encore. Vous allez à la toilette ou vous prenez un livre. Vous mettez de l'ordre dans les draps et les couvertures, vous refaites le lit.

La prochaine fois que le sommeil ne voudra pas de vous, essayez ceci: tournez l'oreiller de l'autre côté.

Simple, non ? Ce petit geste suffit à relever de quelques crans le confort au lit. Relaxation garantie.

L'autre côté de l'oreiller est ferme quand vous vous sentez tout mou, frais quand vous vous sentez fané, et froid quand vous avez chaud. Morphée vous ouvre les bras.

COOL !

Voir s'ouvrir la caisse voisine à l'épicerie

Je l'admets piteusement : je suis une calamité sur deux pattes aux caisses de l'épicerie.

Je regarde les prix s'afficher sur l'écran et je ne peux m'empêcher de faire des commentaires du genre : « Ah, je croyais que c'était deux pour un » ou bien « J'ai changé d'idée, reprenez ça ». La caissière est alors obligée soit d'appeler le commis du rayon des légumes, qui n'est pas à son poste comme de raison, soit de trouver un endroit où poser la boîte de barres glacées au chocolat qui commencent à fondre.

Comme je ne quitte pas l'écran des yeux, ça prend un certain temps avant que je commence à emballer mes provisions, après quoi je cherche mon porte-monnaie et je laisse maladroitement le panier en travers de l'allée, bloquant l'accès au suivant, comme un chevalier garde son château.

Je suis l'une des quatre personnes à éviter dans une file à la caisse, les trois autres étant :

- *la grand-mère tremblotante* qui, au signal, déverse une grosse poignée de pièces de cinq cents sur le comptoir et les compte une à une, en les glissant vers la caissière du bout de l'index ;

- *le bonhomme aux coupons,* qui remet à la caissière une circulaire écornée, l'obligeant à découper elle-même tous les coupons pendant que la file s'allonge ;

- *le nul en maths* qui, mine de rien, camoufle un tas d'articles supplémentaires à la caisse express et ne comprend pas pourquoi on lui fait les gros yeux.

Ces files sinueuses sont parfois une épreuve. Mais le monde est rempli d'aléas, et mieux vaut garder son calme en respirant profondément au besoin.

Pour toutes ces raisons, l'arrivée d'une caissière dynamique, qui retire le petit panneau « Caisse suivante s'il vous plaît », allume le simili-lampadaire au-dessus de sa caisse et lance un retentissant « Passez ici ! » est l'un des petits plaisirs de la vie.

À cet instant, tout change. Les derniers de la queue sont les premiers à la nouvelle caisse. On se sent moins coupable de ralentir la file. Le changement général d'humeur est palpable. Les yeux s'éclairent, les lèvres sourient.

COOL !

Mêler les générations
sur un plancher de danse

Vous est-il déjà arrivé de vous sentir trop vieux ou trop jeune sur un plancher de danse?

Avec votre mari, vous vous inscrivez à un cours de danse sociale le samedi matin, et vous constatez que les autres «élèves» se font presque tous déposer par le minibus d'une résidence pour personnes âgées. Ou bien votre mari vous fait la surprise d'une soirée romantique pour votre 10e anniversaire de vie de couple, et vous tombez sur un bar bondé de cégépiens à casquette qui enfilent des rasades d'une boisson rose nananne. Pire, vous découvrez trop tard que la majorité des jeunes ont des fausses cartes.

Bref, quiconque s'est déjà dit «Coudon, c'est ben jeune ici à soir...» ou «Ça sent l'Antiphlogistine...» sait de quoi je parle. Les gens appartenant à différents groupes d'âge peuvent socialiser, c'est sûr, mais il est rare qu'ils dansent sur les mêmes musiques.

D'où l'intérêt des réceptions de mariage, selon moi.

Les mariages sont l'occasion rêvée d'assister à des danses intergénérationnelles si rares et belles à voir. La grand-mère qui danse un *slow,* genre *La dame en bleu,* avec son petit-fils de 10 ans, le mononcle rougeoyant qui se prend pour une vedette de hip-hop à côté d'adolescents en sueur, tout le monde qui se prend par les épaules pour former un grand train serpentant entre les tables... Sans oublier les cercles qui se forment autour des couples inédits, que ce soit le père qui valse avec son aînée ou une fille d'honneur un peu éméchée, qui se déhanche avec un nonagénaire en fauteuil roulant.

C'est un spectacle réjouissant, un moment magique : les frontières s'estompent et les rythmes de la musique nous transportent dans un lieu privilégié, où on oublie tout pour se laisser emporter dans le tourbillon.

COOL !

Planifier l'Halloween

Passer l'Halloween n'est pas un jeu.

C'est une leçon de vie en trois étapes : établir des objectifs, planifier et exécuter. Les enfants qui maîtrisent la négociation du porte-à-porte deviennent des leaders mondiaux. Rien n'empêche les autres de le devenir aussi, mais ils auront eu moins de chocolat. Or, nous savons tous que le chocolat est délicieux et qu'il faut en amasser le plus possible dans la taie d'oreiller. Voici, à cet égard, les **4 clés** du succès.

1. *Choisissez bien le quartier.* En décidant d'aller passer l'Halloween dans les quartiers chics, beaucoup pensent qu'ils vont rafler le magot. Absolument pas ! Les riches sont devenus riches en étant radins. Et c'est sans compter que leurs interminables parterres vous ralentiront dans votre course. Sans blague : au lieu de sonner aux portes, il vous faudra ouvrir des portillons en fer forgé et serpenter le long de haies en forme de canard qui bordent des bassins. Visez plutôt les nouveaux quartiers pleins de jeunes enfants, où les portes s'alignent en rangée.

2. *Portez un déguisement efficace.* L'Halloween étant une course contre la montre, habillez-vous en conséquence : portez des espadrilles et évitez les masques qui gênent la visibilité. Exit les ballerines, les talons hauts et les sandales. Même chose pour les longues robes, les capes et les toges. Et, surtout, oubliez les masques en plastique *cheap,* qui tiennent avec un élastique et deux agrafes. Bref, il s'agit de réduire le costume à sa plus simple expression, puis de faire des tests : chronométrez-vous en montant et en descendant les escaliers du sous-sol, jusqu'à ce que vous trouviez la combinaison gagnante. En cas de doute, déguisez-vous en Bruny Surin.

3. *Souvenez-vous qu'à deux, c'est mieux.* Vous serez tenté de former avec vos copains un détachement qui se déplacera de porte en porte, comme une grosse amibe ondulante. Mais résistez. Au départ, l'amibe pose deux problèmes. *Primo,* elle se déplacera à la vitesse du membre le plus lent – il suffira d'un enfant asthmatique aux pieds plats pour gâcher la soirée. *Secundo,* l'arrivée d'un groupe déclenche le réflexe de rationnement chez les donneurs de bonbons. Ils se sentent dépassés et se rabattent sur la technique du « un bonbon pour toi, un bonbon pour toi, merci, bonsoir ». Ce n'est pas ce que vous voulez. Choisissez plutôt un seul partenaire, qui répond aux critères suivants : un faible rythme cardiaque au repos, un sourire irrésistible et un costume vraiment cute. Le costume est déterminant :

il doit déclencher une réaction du genre «Oh, que c'est adorable!», qui s'accompagne automatiquement d'une ration supplémentaire de bonbons. L'idéal, c'est un bambin en bonne condition physique, déguisé en coccinelle et chaussé d'une nouvelle paire de Reebok.

4. *Partez au bon moment.* La collecte des bonbons comporte trois étapes cruciales, et le succès de l'entreprise en dépend. Le moment idéal peut varier selon l'endroit où vous êtes, mais en voici les grandes lignes:

- Le 4 à 6 – La mise en branle: Vous devez être très actif et circuler au pas de course avant la cohue. C'est le moment de frapper aux portes quand les stocks de bonbons sont encore intacts, quand les gens se sentent généreux étant donné leurs réserves ou en donnent beaucoup parce que leur vue baisse.

- Le 6 à 7 – La période de repos: Les rues sont bondées. Ne vous faites pas prendre dans les meutes amibiennes. Profitez plutôt de ce moment pour retraiter à la maison, vider votre taie d'oreiller et retoucher la peinture de votre visage.

- Le 7 à 9 – Le ramassage: C'est le moment de récolter les restes. Les donneurs qui ont été chiches auront maintenant trop de bonbons et s'en débarrasseront à pleines mains. D'autres se sentiront coupables de n'avoir plus rien à donner et pigeront dans leurs armoires de cuisine pour vous proposer des puddings ou des boîtes de Jell-o en poudre. Cette dernière étape est une véritable épreuve cardio : comme la plupart des maisons n'auront plus de lumière, vous devrez zigzaguer dans les rues à la recherche des derniers butins.

Maintenant que vous avez un plan de match, n'oubliez pas de jouer franc-jeu. Sous le couvert de la nuit et du camouflage facial, certains s'adonneront à des choses plus ou moins correctes. Tenez-vous loin d'eux. Ils raconteront que c'est aussi leur anniversaire, qu'ils ramassent un second sac pour leur petite sœur alitée ou feront trébucher des bambins plus jeunes pour arriver les premiers à la porte. Mais vous, vous aurez la satisfaction d'avoir joué dans le respect des règles.

Et d'avoir gagné.

COOL !
———

Voir une voiture de patrouille
sur le côté de la route…
quand on respecte
la limite de vitesse

Le stress monte en flèche.

Et retombe instantanément.

COOL !

Réussir le dosage idéal céréales/lait

Plusieurs choses peuvent survenir dans un bol de céréales.

1. *La noyade.* Vous avez versé trop vite et, maintenant, le bol est plein à ras bord. Une fois toutes vos céréales ramollies mangées, il reste au fond du bol un concentré de sirop beigeâtre. Trop tard ! C'est l'évier ou cul sec : penchez la tête par en arrière, inclinez le bol et ingurgitez. Préparez-vous à une matinée pleine d'entrain, à la limite de l'hyperactivité.

2. *Le désert.* Trop de céréales et pas assez de lait. Vous le remarquez à mi-chemin du bol : les flocons croustillent trop à votre goût. Un bref coup d'œil au fond du bol vous montre que vos céréales baignent dans une pataugeoire. Si vous n'avez plus de lait ou que vous êtes très paresseux, vous devrez rationner et mettre juste assez de lait dans la cuillère pour mouiller les céréales. Espérons que vous réussirez, sinon vous devrez avaler le tas de

pathétiques céréales à peine humides restant au fond du bol.

3. *Le dosage idéal.* Alléluia! Vous avez réalisé le mariage céréales/lait parfait. Êtes-vous un émule de mon ami Mu, pour qui l'art du bol de céréales au lait est une noble quête de la perfection? Il a étudié l'absorption du lait pendant des années et sait que les Froot Loops et les Frosted Flakes n'ont rien en commun, si ce n'est une mascotte qui vit dans la jungle. Comme me l'a expliqué mon ami, les Froot Loops flottent à la surface et restent partiellement secs, tandis que les Frosted Flakes sont comme de croustillantes éponges assoiffées qui demandent plus de lait. Il faut aussi savoir choisir le bon bol. Un grand bol profond peut avoir fière allure quand on le sort de l'armoire, mais méfiez-vous de l'illusion de grandeur. Allez-y mollo, sinon ce sera la noyade.

En terminant, voici une dernière technique, plus difficile à maîtriser cependant. C'est l'attente patiente: laissez votre bol de céréales reposer sur le comptoir une minute ou deux avant de l'entamer. Les céréales ont alors le temps d'absorber une bonne quantité de lait, éliminant d'emblée le phénomène des redoutables premières bouchées trop croquantes, qui gâchent tout. Mais sachez que cette technique avancée ne convient pas aux craintifs ni aux affamés.

C'est une belle journée qui s'annonce quand, au déjeuner, vous avez obtenu un mélange parfait. Et quand ça se produit, vous le savez, parce que la dernière cuillerée vous caresse le gosier au passage. Elle vous fait presque un clin d'œil en passant.

Menoum menoum !

COOL !

Trouver des compagnons
à la cafétéria

La redoutable perspective d'un repas en tête-à-tête avec soi-même à la cafétéria. Avec, à la main, un plateau en plastique bleu qui oscille sous le poids d'un verre de thé glacé et d'une lourde assiette garnie de tranches de rosbif, de patates pilées dégoulinantes et de mini-carottes insipides, vous passez la caisse et parcourez la foule du regard.

C'est la cafétéria de l'école, la salle à manger de l'entreprise ou l'aire de restauration d'un centre commercial. Tout le monde rit, de vous peut-être, planté tel un piquet et comme hypnotisé par cette mer de visages souriants.

Les secondes s'égrainent et votre inconfort grandit.

Tout en balayant la salle des yeux, vous faites semblant d'aller chercher du ketchup. Sinon, vous marchez d'un côté et de l'autre pour éviter de bloquer la circulation ou pour essayer de vous fondre dans la foule. Ou encore, vous devenez terriblement anxieux en pensant que vous allez devoir vous asseoir seul.

Mais, juste au moment de perdre espoir, vous finissez par les voir.

Ce sont vos copains, là, au fond de la salle. Et ils vous envoient la main.

COOL !

Profiter d'une rangée
à soi dans l'avion

C'est comme un mirage.

Ça se passait il y a quelques années déjà. L'avion est sur le point de décoller, je suis au centre de la rangée et le siège du côté de l'allée est vide. Ma ceinture est bouclée, et le siège, toujours vide. On ferme les porte-bagages, les agents de bord sortent les couvertures, et les passagers feuillettent distraitement le magazine de bord en rêvant d'hôtels exotiques.

Tous les passagers sont à bord, me semble-t-il, et plus rien ni personne ne bouge. Je me glisse furtivement dans le siège vide. Et je souris, de toutes mes dents. J'ai de l'espace pour bouger les coudes et je m'étends confortablement les jambes dans l'allée.

Le paradis sur... Ou plutôt, dans les airs.

Soudain, un gros type dans un costume serré avance péniblement dans l'allée en soupirant, le front en sueur, la langue sortie comme un chien haletant, les yeux fixés sur ma rangée. Adieu paradis ! Je reprends mon siège au centre pendant qu'il s'installe à mes côtés. Il n'avait pas entendu son réveil ce matin-là et avait dû se précipiter à l'aéroport. Et non, même pas le temps d'une douche… J'ai volontairement abandonné l'appui-bras quand j'ai senti sur ma main la première goutte lui dégoulinant du front, puis j'ai cherché à entrer en état d'hypnose ; enveloppé dans la couverture, je me suis croisé les bras et les jambes, et j'ai essayé de dormir.

Voilà comment se déroulent la plupart de mes déplacements aériens.

Mais de temps à autre, je me retrouve dans un appareil presque vide et j'ai droit à une rangée complète. Et les petits plaisirs se succèdent. Vous savez ce que je veux dire.

- *La toilette.* Eh oui, vous y allez quand vous voulez. Pas besoin de vous contorsionner ni de donner au voisin un gros plan de votre entrejambes.

- *Hublot et allée.* C'est formidable de regarder par le hublot, mais c'est le passager assis à côté qui gère le point de vue. Il peut décider de fermer le volet ou de vous cacher le paysage lorsqu'il y a quelque chose à voir. Mais quand la rangée vous appartient, vous avez tout le loisir d'alterner de la fenêtre à l'allée.

- *Les appuis-bras.* Ils sont à vous, à droite, à gauche, comme vous voulez. Personne pour les monopoliser.

- *Les sièges.* Si les trois sièges sont libres, relevez tous les appuis-bras et essayez de vous allonger du mieux que vous pourrez. Ce n'est pas toujours facile, mais vous y arriverez peut-être.

Oubliez les coûteux sièges-lits de la classe Affaires. L'Éconosieste fonctionne tout aussi bien.

Qui ne rêve pas d'avoir sa propre rangée dans l'avion ? Et quand ça arrive, on peut faire semblant, avec une bonne dose d'imagination, qu'on est immensément riche et qu'on a acheté les autres sièges pour avoir de l'espace. Car il faut bien reconnaître que prendre l'avion, ce n'est pas prendre son bain, et qu'un peu plus d'espace pour se bouger les coudes peut transformer trois heures de malheur en un pur bonheur.

Voilà de quoi célébrer.

COOL !

Faire éclater les bulles d'air des emballages

Testons vos connaissances. En 1957, les deux employés de Sealed Air Corporation qui ont inventé le film à bulles d'air voulaient créer autre chose. Essayez de deviner quoi avant de poursuivre.

Pour les gens moins pressés, bavardons tranquillement des différentes **façons** de faire exploser les bulles.

1. *La classique.* L'éclatement ordinaire : on serre le film dans les mains, avec un sourire de satisfaction. Rien d'extravagant. Juste un pouce, quelques doigts et… paf, paf et repaf.

2. *Le Big Bang.* Déjà plus délicat : il faut façonner le film en une boule compacte, doucement pour ne rien faire éclater, puis la serrer très fort contre soi. Avant le *Téléjournal de fin de soirée*, pour ne pas réveiller les voisins.

3. *La fanfare.* Il faut un gros morceau de papier à bulles, par exemple l'emballage d'une télé ou

d'un réfrigérateur récemment livré chez vous. Retirez le papier à bulles, étendez-le par terre, retirez vos chaussettes et marchez dessus. Allez et venez dans tous les sens, tournez en rond, n'arrêtez surtout pas. Quand la pétarade diminue, inspectez le film pour faire éclater individuellement les bulles restantes.

4. *Le pouf du bureau.* Vous étendez le film au sol, au beau milieu de votre espace de travail, et vous roulez dessus avec votre chaise tout l'après-midi. Croyez-moi, vos collègues adoreront.

5. *Le tordeur.* Roulez la pellicule comme un tapis et tordez le rouleau en tournant les mains en sens contraire. Une fois le silence revenu, toutes les bulles du centre auront éclaté, et vous pourrez passer à une autre section.

6. *Le ti-pouf.* Il arrive qu'on s'attende à un beau gros papier à bulles mais, hélas, on n'a qu'une mince feuille de mini-bulles entre les mains. Faut faire avec. Allez-y pour des ti-pouf pouf, et appréciez-les.

Faire éclater des bulles d'air est un plaisir trop souvent négligé. Ça permet d'évacuer le stress, de surprendre l'entourage et de retrouver pendant un rare et bref instant les joies de l'enfance. Alors, la prochaine fois que le travail vous ennuie ou que vous déballerez des boîtes après un épuisant déménagement, ne vous gênez pas.

Pour répondre à la question du début, n'êtes-vous pas content de savoir qu'on a utilisé le film à bulles d'air comme matériau d'emballage, plutôt que d'en faire du papier peint texturé ?

COOL !

Faire partie de la première table appelée au buffet dans un mariage

— • • —

Il y a deux sortes d'invités à un mariage.

Ou bien vous êtes comme les deux doigts de la main avec la mariée ou le marié – son frère ou sa sœur, son ami d'enfance ou sa grand-mère. Dans ce cas, vous faites partie du Clan. Vous recommandez le photographe, participez aux auditions pour le DJ, proposez des toasts, etc. Pour vous, il s'agit d'une magnifique journée qui vous donne la chance de célébrer une personne qui vous est chère.

Ou… vous êtes un simple Individu. Par exemple, le médecin de la promise, la nouvelle patronne du marié ou, pire encore, le type qui accompagne la cousine. Vous êtes de la fête parce qu'il aurait été impoli de ne pas vous inviter. Donc, vous accusez réception en retard, vous vous rentrez la bedaine pour porter le costume gris qui vous allait si bien à votre bal de finissants et vous prenez quelques verres avant la réception. Vous vous assoyez à la table du fond, avec un paquet de monde que vous ne connaissez pas, puis vous finissez par vous présenter à la mariée, tard le soir, en sueur, sur la piste de danse. «Vous êtes ravissante», lancez-vous par-dessus la musique trop forte, une bière quasiment pleine dans les mains. «En passant, je m'appelle Claude. Je travaille avec Laurence!»

Si vous êtes du Clan, la réception est une expérience inoubliable. Vous pleurez durant les discours, vous prenez 200 photos, vous attrapez le bouquet de la mariée, vous dansez jusqu'à 2 h du matin et vous vous rendez compte, quand on allume les lumières, que vos gros orteils ont fait des trous dans vos bas de nylon.

Si vous êtes un Individu, vous reluquez les filles d'honneur, vous mangez les chocolats que les autres invités ont reçus en cadeau et vous commandez au bar des boissons qui ne sont pas au menu de la réception.

Alors, quand vous êtes un Individu, il n'y a pas de jubilation plus grande que de faire partie de la première tablée appelée au buffet.

D'un coup, vous faites partie du Clan, gagnant honoraire du prestigieux prix des Premiers servis, plongeant la louche dans la sauce Alfredo avant qu'elle devienne toute gluante, prenant des boulettes avec un cure-dents avant qu'elles sèchent, et retirant avec la précision du bistouri le premier triangle de gâteau au fromage, avant que le plat ne soit plus qu'une motte de biscuits Graham retenue par de la colle à saveur de cerise.

C'est très agréable d'avoir l'embarras du choix devant cette longue table de plats fumants. Après tout, vous n'avez pas à saliver devant ces assiettes qui vous passent sous le nez pendant que vous essayez de faire la conversation avec les autres convives, leur demandant d'où ils viennent et n'est-ce pas que le centre de table est de toute beauté. Eh non !

Si vous êtes appelé en premier, vous revenez vers votre place, couronné d'une aura de plaisir, vous vous assoyez à la table 57 sur la chaise-qui-fait-face-aux-toilettes, et vous enfilez sans plus attendre les rouleaux de viandes froides, les cornichons et la montagne de salade de patates dont vous avez généreusement garni votre assiette.

COOL !
____

Voir quelqu'un atterrir sur l'hôtel que vous venez de construire au Monopoly

Pas toujours facile d'allonger le montant pour se payer le meilleur emplacement immobilier, celui juste sur le coin.

Dans certains cas, il faut hypothéquer la Compagnie d'électricité ou sortir sa liasse de billets bruns cachés sous la planche de jeu. Mais ça en valait la peine, n'est-ce pas : tout de suite après, un de vos concurrents atterrit en plein dessus… Une victoire exquise !

Il y a aussi ce petit moment de fébrilité, au premier lancer de dés qui suit l'installation du premier hôtel sur un terrain. Fini de courir pour acheter des propriétés et collectionner les cartes de sortie de prison. Désormais, il y a un hôtel sur le jeu : la frontière entre les riches et les pauvres est tracée.

Quand un de vos adversaires se pose sur le terrain où vous venez d'ériger un hôtel, il ne dit pas un mot et passe les dés au suivant en espérant que vous ne remarquerez pas qu'il squatte chez vous. Non mais, pour qui vous prend-il!

Vous restez poli, voire nonchalant.

«Hé, hé, les Jardins Marvin... Voyons voir, ce sera 1 200 $.»

«Quoi?»

«Eh oui, désolé. C'est à cause de l'hôtel.» *(Vous lui passez la carte de la propriété pour inspection.)*

(Il inspecte.) «Hey, pas vrai... Tout mon argent va y passer. Et il va peut-être falloir que j'hypothèque l'Avenue de la Baltique.»

«Eh oui! Je peux prendre tous les chemins de fer si tu préfères.»

(Sur un ton dégoûté) «Es-tu fou? Il va me rester juste l'Avenue de la Baltique...»

«Parfait. C'est 1 200 $.»

(De reculons, votre adversaire compte lentement et vous remet une grosse liasse de billets de 100, de 20, de 10, de 5 et de 1. Le pauvre, il ne lui reste que quelques propriétés et deux 10 dollars.)

COOL!
———

Tomber sur une vieille cassette de tounes enregistrées par un ou une ex

Les boîtes à chaussures, les sous-sols et les tablettes de fond de garde-robe du monde entier recèlent des trésors oubliés.

C'est là qu'on entrepose les photos du bal de finissants, les permis de conduire échus, les lettres manuscrites d'amis éloignés ou, peut-être, si on est vraiment chanceux, la cassette d'amour, un des petits cadeaux que la vie nous apporte.

C'est une cassette précieusement enregistrée par une personne qui a déjà tenu beaucoup à vous. Oui, oui, souvenez-vous. Ce chum de jeunesse, flou dans votre mémoire, ou cette blonde dont vous avez oublié le nom, a sans doute passé des heures à tout chronométrer, attendant que les chansons passent à la radio, recopiant minutieusement les titres et les noms des artistes, ajoutant ici et là quelques dessins et, si c'était une blonde, quelques gouttes de parfum.

Voici quelques perles que vous trouverez peut-être sur cette cassette, tout dépend de votre époque.

- The Righteous Brothers, *Unchained Melody*
- Extreme, *More Than Words*
- Bryan Adams, *(Everything I Do) I Do It for You*
- Nicole Croisille, *Une femme avec toi*
- Whitney Houston, *I Will Always Love You*
- Roch Voisine, *Hélène*
- Meatloaf, *I'd Do Anything for Love (But I Won't Do That)*
- Cyndi Lauper, *Time After Time*
- Francis Cabrel, *Je l'aime à mourir*
- The Bangles, *Eternal Flame*
- Bon Jovi, *Bed of Roses*
- Claude Dubois, *Plein de tendresse*
- Sinéad O'Connor, *Nothing Compares 2 U*
- Wham, *Careless Whisper*
- Phil Collins, *Against All Odds*
- Olivia Newton John, *Hopelessly Devoted to You*
- Scorpions, *Still Loving You*
- Air Supply, *All Out of Love*
- Loverboy, *Almost Paradise*
- Nazareth, *Love Hurts*
- Chicago, *You're the Inspiration*
- REO Speedwagon, *Can't Fight This Feeling*
- Joe Dassin, *Et si tu n'existais pas*

Alors, sondez votre cœur. Sondez votre âme. En retrouvant vos chansons d'amour, vous trouverez le repos. Ne me dites pas qu'elles n'en valent pas la peine. Elles méritent un voyage dans le temps. *Plein de tendresse…*

COOL !

Choisir le nacho parfait

Les nachos ne naissent pas égaux.

Si quelqu'un vous en présente une assiette, que ce soit en entrée au resto ou comme grignotines en regardant un film à la maison, vous devez agir vite.

1. *Jetez d'abord un coup d'œil à l'assiette.* À quelle étape vous est-elle présentée? Est-elle encore toute chaude et bien garnie, ou ne reste-t-il que des chips cassées et des piments? Évaluez rapidement la situation.

2. *Si l'assiette est au début du parcours, n'attendez pas trop avant de passer à l'acte.* Si on voit que vous délibérez trop longtemps, vous passerez pour égoïste. Évitez à tout prix de jouer avec la garniture pour vous confectionner un nacho extrême, mais n'allez pas non plus jusqu'à prendre la croustille vierge du dessous. On ne vous a pas offert des miettes, et vous ne méritez pas des miettes, ne l'oubliez pas.

3. *Ensuite, localisez votre proie et foncez dessus.* Nous avons tous nos préférences. Moi, par exemple, j'ai un

faible pour la formule trois quarts fromage et un quart salsa. S'il y a moins de fromage, j'ai l'impression de manger un taco à rien. Et s'il y a plus de salsa, ça devient une bouillie. Si je peux saisir une olive, un oignon vert ou un piment au passage, tant mieux.

Bref, sachez ce que vous aimez, évaluez l'enjeu et plongez sans tergiverser. Savoir choisir le meilleur morceau est une compétence très précieuse dans la vie.

Saisir la vie par les nachos, c'est...

COOL !

Être dans le noir, juste avant l'arrivée des musiciens sur scène

Vous arrivez tôt, vous prenez un verre, vous achetez un t-shirt, vous trouvez votre siège ou avancez doucement jusqu'à la scène. Vous écoutez les artistes en première partie, vous regardez les gens, vous regardez tout court, vous parlez avec vos amis, vous essayez de deviner les chansons que le groupe va jouer et, après tout ça, le moment arrive enfin. La musique de fond s'arrête, les lumières s'éteignent, c'est la noirceur totale.

Une immense vague d'anticipation balaie la foule. Les gens sont debout, les bras en l'air, ça crie de partout… Et voilà qu'arrive le moment tant attendu : les musiciens font leur entrée en scène, dans une clameur assourdissante.

COOL !

Profiter d'une succession de feux verts

Dans le temps, quand je rentrais de chez mon ami Mike après avoir passé la soirée dans son demi-sous-sol, j'empruntais une route à deux voies quasiment déserte. C'était toujours tard la nuit, et j'ouvrais la fenêtre pour que l'air frais de la campagne me tienne éveillé. L'air sentait une eau de Cologne que Beetle Juice aurait pu porter – un piquant mélange de fumier frais, de rosée brumeuse et de mouffette écrasée.

C'était une belle façon de finir la soirée, une balade en voiture relaxante jusqu'à la maison.

Puis, ils ont surgi.

Les magasins-entrepôts ont détruit les terres agricoles bon marché pour y installer des paradis de béton, des terrains de stationnement, d'horribles néons et un chapelet de feux de circulation qui engendrent un trafic monstre à cœur de jour. L'air frais de la campagne a été remplacé par une nouvelle odeur, un capiteux mélange de gaz d'échappement et de poulet frit.

Et je comprends.

Il faut un feu de circulation à la sortie de tout grand stationnement. C'est comme ça. Sinon, il faudrait attendre une demi-heure pour tourner à gauche en sortant de chez Rona. Vous achetez des deux par quatre, vous voulez commencer à bâtir votre terrasse, n'est-ce pas? Non, vraiment, je comprends. J'ai déjà donné, et je sais qu'il faut des feux.

Mais le résultat laisse à désirer, c'est le moins qu'on puisse dire.

À partir de l'appartement de Mike, ils ont installé plus de 10 feux de circulation à la queue leu leu, espacés de moins de 300 pieds chacun. Un feu après l'autre après l'autre, comme une marche funèbre dans la jungle du progrès.

Et ils ne sont jamais synchronisés. Deux verts, puis deux rouges. Ensuite, une course folle pour attraper deux jaunes, plutôt foncés, et vlan, cinq rouges d'affilée. Une lente épreuve frustrante et énergivore.

Dernièrement, je revenais de chez Mike un peu plus tard que d'habitude. On avait commencé à regarder un film vers la fin de la soirée, et il était 3 h du matin, un mardi. Fatigué, j'approchais du lieu maudit. Oh, surprise: j'ai eu droit à deux ou trois feux verts. C'est pour taquiner l'automobiliste, me suis-je dit. Après tout, je n'avais jamais réussi à passer sans m'arrêter.

Mais, avant même de m'en rendre compte, j'ai passé deux autres feux verts.

Puis deux autres.

Eh oui, encore deux.

J'étais à deux feux de la ligne d'arrivée, et je n'en croyais pas mes yeux. Les deux derniers étaient verts, je les voyais, ils m'appelaient, comme un vent de liberté.

J'ai pesé un peu plus fort sur le champignon.

J'ai eu l'avant-dernier de justesse, puis j'ai vu le dernier passer au jaune. Pas question de m'avouer vaincu si près de la victoire! J'ai écrasé l'accélérateur et traversé l'intersection quelques millisecondes avant de commettre une infraction.

Presque brûler un feu rouge n'est pas la chose la plus brillante à faire. Mais, tout de même, ça a été un grand moment pour moi. J'ai plané ce soir-là.

Et vous, dites-moi, quel effet ça vous fait de passer une verte après l'autre?

Ouais, je le savais.

COOL!
_____

Découvrir l'ascenseur à vos pieds

Vous poussez le bouton. Ding ! Il est déjà là !

COOL !

Humer une odeur de bon pain

Dès que vous passez la porte d'une boulangerie, les odeurs vous enivrent... Odeurs délicieuses de brioches et de croissants bien frais, arômes distinctifs des biscuits à l'avoine pas tout à fait cuits, en train de brunir au four...

Ces odeurs puissantes et inoubliables rivalisent avec d'autres classiques, dont celle du barbecue par une chaude soirée d'été, de l'essence, d'une voiture neuve, d'un bébé tout frais, d'un feu de camp dans la forêt. Toutes ces odeurs me sont familières.

Je ne sais pas si, comme moi, vous avez déjà eu pitié des gens qui travaillent dans une boulangerie. Pensez-vous qu'ils pourraient devenir insensibles à l'odeur et cesser d'apprécier les parfums qui leur chatouillent les narines à longueur de journée ? J'espère que non. J'espère qu'ils ne considéreront jamais leur travail comme un emploi régulier, qui se résume à se lever à l'aube, à avoir les sourcils brûlés par la chaleur du four, les jambes variqueuses et les sous-vêtements farineux. La boulangerie sent trop bon pour ça. Il ne faudrait pas que ça devienne une énième journée de boulot. Alors, faisons en sorte d'apprécier ces gens et les effluves qu'ils nous offrent.

Humez à pleins poumons les vapeurs sucrées des brioches à la cannelle lorsque vous passez devant le comptoir, à la gare. Délectez-vous des odeurs qui émanent de la boulangerie, le samedi matin, quand vous promenez toutou. Et dites-vous bien que, le jour où vous cesserez de sentir les roses, vous cesserez aussi de sentir les croissants et les biscuits.

Ah, les odeurs de la boulangerie...

COOL !

Trébucher à l'insu de tout le monde

Les bébés mettent un certain temps avant de marcher.

Si vous les avez vus, vous savez qu'ils tombent, marchent à quatre pattes et hurlent. Ce n'est pas pour rien que la plupart des enfants de deux ans ont de grosses lèvres, des genoux écorchés et des marques de table à café dans le front.

Pas facile d'apprendre à marcher.

Bien sûr, vous avez fini par apprendre, et moi aussi, mais nous ne pourrions probablement pas le refaire. Comme tout apprentissage difficile qui nous transforme profondément, la marche est un processus laborieux, qui demande temps et patience.

On commence d'abord par rouler. La jolie pitchounette aux bras flasques et à la grosse couche gigote et se tord sur le froid linoléum de la cuisine, le sourire aux lèvres. C'est une étape marquante de son développement, car elle se déplace seule. Ne riez pas : vous avez été ce bébé tout mou qui frétille.

Une fois ce mouvement compris, on passe à la position assise et à la marche à quatre pattes. La maison devient une jungle et, bien solide sur le tapis, bébé s'en va à l'aventure. La curiosité l'amène vers les armoires de la cuisine, la litière du chat et les toilettes. Certains parents ont le bonheur de découvrir qu'ils ont un bébé crabe, un poupon d'un an qui marche à reculons ou de côté, plutôt que vers l'avant. Attention aux pincettes qui vous empoignent les cheveux et les lunettes.

Vient ensuite la levée du corps. Avec ses petites mains aux jointures blanches, les sourcils froncés et la détermination farouche, bébé s'agrippe à la rampe de l'escalier et aux pattes de table. Heureusement qu'il porte la couche, une bonne protection pour amortir les nombreuses chutes déchirantes. Mais tôt ou tard, grâce à une immense capacité de concentration, la plupart des petits finissent par trouver leur centre de gravité, et ils se mettent en équilibre sur les deux petits petons.

À partir de là, ce n'est qu'une question de temps. Après avoir lâché la rampe, bébé oscille quelque temps, se met à courir un peu de travers, puis tombe occasionnellement en pleine face dans le hall d'entrée. Mais il finit par trouver le truc, et c'est parti mon kiki.

Malheureusement, on a beau remettre son ouvrage vingt fois sur le métier, il arrive qu'on gaffe encore. Voilà des années et des années qu'on a appris à se tenir debout mais, de temps à autre, on trouve encore le moyen de glisser et de tomber. Parlez-en à la cour des petites créances. Ainsi, la prochaine fois que votre chaussure se prend dans la dernière marche de l'escalier au travail, que vous trébuchez au bout du tapis roulant à l'aéroport ou que vous perdez pied sur une plaque de glace en sortant de la maison, rappelez-vous qu'il n'y a pas si longtemps, vous ne saviez même pas marcher. Votre chute n'a rien d'extraordinaire. Pourvu que personne ne vous ait vu.

COOL !
_____

Grappiller des frites
dans l'assiette d'en face

Quand vous mangez avec quelqu'un qui a commandé des frites, mais pas vous, vous pouvez vous prévaloir de la Politique de partage de la patate. Pardon ? Oui, oui, vous la connaissez. Cette politique stipule que vous avez le droit de lui piquer une frite dès que l'assiette atterrit sur la table, à une ou l'autre de trois conditions : a) vous le lui avez d'abord demandé, b) il y a eu contact visuel, du genre vous soulevez les sourcils en guise d'interrogation jusqu'à ce que l'autre vous fasse signe que oui, ou c) vous êtes conjoints ou de bons amis.

Aussi, puisque vous avez le droit de choisir celle que vous voulez parmi toutes les délicieuses frites encore crépitantes, soyez gentil, évitez de prendre la plus extraordinaire. Vous savez, cette frite vraiment, vraiment longue qui dépasse du lot... Mais les petites minces et croustillantes, les sursalées et les ordinairement molles sont à votre portée. Alors, à vous de piger.

Par contre, si vous êtes celui qui a commandé les frites, soyez prudent, car vous pouvez être victime d'extorsion. Certains commenceront à picorer dans votre assiette en vous surveillant du coin de l'œil pour voir votre réaction, et continueront de se goinfrer jusqu'à ce que vous mettiez un holà.

Si vous êtes dans un resto qui préconise la douzaine de grosses frites du genre pommes de terre cuites au four, n'en détachez pas les yeux. Défense de toucher ces frites! Désolé, mais la Politique du partage de la patate ne chapeaute pas les quantités anormalement petites de frites. Ce serait de l'abus.

Il y a aussi une importante annexe à la Politique: à la fin du repas, quiconque repousse son assiette avec des restes de frites sèches, froides ou à moitié enduites de ketchup n'a plus de droit sur les frites. Le premier choix revient alors à la personne qui n'a pas eu de frites, et le second, à celle qui en a déjà mangé une pleine assiettée mais qui en veut encore. S'il en reste après ça, ce sera au plongeur de décider ce qu'il fait avec.

La Politique du partage de la patate est une véritable formule gagnante, qui équilibre les pouvoirs: elle permet aux amateurs de frites, comme moi, de réduire leur apport en calories en échangeant quelques frites contre de la salade, et elle offre aux hypocrites le plaisir de manger gras sans en avoir l'air.

COOL!

Dormir dans des draps frais lavés

Vous connaissez la sensation : ça fait cinq minutes que vous vous battez avec les élastiques du drap contour et que vous vous appliquez à bien rentrer le drap du dessus sous le matelas. Vous avez trouvé des taies d'oreiller dans l'armoire, vous y avez glissé les oreillers. Vous avez secoué le tout, puis étendu une couverture sur le lit et respiré profondément. Enfin, vous plongez dans les draps frais, froids et qui sentent le bon savon à lessive.

La beauté des draps frais lavés, c'est qu'ils ne sentent pas votre corps endormi, vos dessous de bras, la bave qui couvre les oreillers et vos vieux pieds croûtés qui perdent des peaux mortes. Sans oublier les pets que vous lâchez en dormant. Ne le niez pas ! Nous sommes tous plus ou moins dégoûtants pendant le sommeil. Mais, grâce aux draps propres, nous échappons temporairement à notre crasse.

Aux draps frais lavés s'ajoute un autre plaisir : la première nuit de la saison dans des draps de coton léger à l'arrivée de l'été, ou dans d'épais draps de flanelle à l'approche de l'hiver. En fermant les yeux doucement, au son des grillons qui entre par la fenêtre ouverte, au clair de lune et à l'ombre des branches qui danse sur le mur, vous savez que la nuit sera bonne.

COOL !

Aller aux toilettes
dans un hall d'hôtel chic

Si vous évitez de prendre un verre avant d'aller au cinéma ou de boire après 18 h, vous êtes comme moi : vous avez non pas une vessie, mais un compte-gouttes.

En avion, nous sommes terribles. Mais il y a pire : dès que nous mettons le nez dehors, que ce soit à pied ou en voiture, nous obligeons nos compagnons à nous trouver des toilettes publiques. Et ça, ça les énerve vraiment. Désolé, les amis !

Il faut dire que la recherche de toilettes publiques décentes relève d'un art. Les endroits parfaits existent, certes, mais il faut s'armer de prudence. Cette mise en garde faite, examinons les **5 meilleurs endroits où se soulager la vessie,** chemin faisant.

5. *Les stations-service :* Un accès facile pour les pires vessies de passage – celles des individus qui ne vivent pas dans le quartier ou qui prévoient ne jamais y revenir. Ces gens ne respectent pas les installations. La preuve : les graffitis racistes sur les

murs, et la confusion entre le plancher et la cuvette. Les pires toilettes de stations-service dégagent une odeur pestilentielle ; les meilleures, celle d'un chargement complet de pastilles désodorisantes pour urinoirs. Mais les stations-service apparaissent parfois comme un mirage à l'horizon : vous savez au moins qu'elles sont presque toujours ouvertes et qu'elles ont une toilette. Voilà le numéro 5, les stations-service. Merci d'en ressortir.

4. *Les gares d'autobus et de trains.* Les toilettes de gares ressemblent en tous points à celles des stations-service, à une importante différence près: l'entretien. Alors que les stations-service sont habituellement l'affaire d'un propriétaire exploitant et de quelques adolescents qui font le quart de nuit, les gares sont généralement tenues par des agences de transport qui embauchent du personnel pour faire le ménage, sans quoi les responsables seraient fortement décriés ou perdraient leur permis d'exploitation. Leur taille constitue un autre avantage. On y trouve habituellement des rangées de cabines ou d'urinoirs, plutôt qu'un seul. En général, il n'y a pas d'attente. Alors, merci aux gares. Vous êtes là quand nous avons besoin de vous.

3. *Les restaurants et les cafés.* Nous arrivons maintenant en territoire décent. Une épaisseur de plus sur le papier de toilette, et parfois même une bande dessinée accrochée au-dessus de l'urinoir. Si les toilettes des restos et des cafés sont nettement de meilleure

qualité, elles sont par contre d'un accès plus difficile. Vous devez consommer quelque chose ou faire semblant de chercher quelqu'un avant de foncer vers les toilettes, puis filer en douce. Il faut une certaine délicatesse dans la méthode. Ces toilettes ne sont pas pour les faibles.

2. *Le logis de quelqu'un dans le quartier.* L'arrêt au puits à mi-parcours, chez un ami qui vit dans le coin, mérite presque la médaille d'or de ce palmarès. Il n'est même pas nécessaire d'être en compagnie de cet ami. On peut sonner à la porte et lui demander la permission d'utiliser sa toilette. Une fois à l'intérieur, la récompense va de soi : du papier de toilette épais, du savon-crème odorant et une pile de revues aux pages cornées. Gardez-vous bien de porter un jugement sur les cheveux dans le lavabo, la serviette sur le sol ou le gros cerne dans la cuvette, qui vous regarde comme l'œil de Sauron. Appréciez, sortez et remerciez.

1. *Les halls des hôtels chic.* La crème de la crème, la cerise sur le sundae, le sommet de la perfection. Elles sont vraiment magiques, ces toilettes spacieuses et luxueuses, après une journée à battre le pavé, à suer sous le soleil. Quel bonheur que d'aller s'y soulager ! On y devient le roi de la *bécosse*, le commandant d'un empire de tuyaux, le seigneur des robinets et des miroirs qui s'alignent à perte de vue. Les piétons que nous sommes deviennent tout à coup des touristes de grande valeur.

Tout de même, avouons que les toilettes d'hôtel sont un brin scandaleuses. Qui aime se sécher les mains avec des serviettes en tissu ? Qui a besoin d'un fauteuil dans une salle de bains ? Qui veut vraiment avoir affaire au majordome engoncé dans son smoking, qui vous propose de l'eau de Cologne et une serviette ? Qui, dites-le-moi ?

Eh bien nous, voilà qui ! Nous, les gens à la vessie grosse comme un dé. On ne peut pas le nier : c'est tellement bon de se faire dorloter de temps en temps... Et puis, ce genre de visite nous permet non seulement d'oublier notre tare génétique, mais d'en être fier. Merci aux toilettes des halls d'hôtel de nous accueillir avec grâce et dignité dans un monde rempli de gens qui lèvent les yeux au ciel chaque fois qu'on manifeste une envie irrépressible (c'est-à-dire souvent).

COOL !

Dégrafer son soutien-gorge
à la fin de la journée

Un grand sentiment de liberté.

À ce qu'on dit.

COOL !

Entendre le *crunch-crunch* des ciseaux sur du papier de bricolage

Quand les lames des ciseaux se croisent sur du papier de bricolage, on sait qu'on va s'amuser. Des bâtons de colle, des paillettes, des cure-pipes sont éparpillés sur la table. Autour, des regards pleins d'espoir. Tout est prêt pour une journée de bricolage avec le moniteur de la colonie de vacances.

Pour un enfant, c'est un peu l'équivalent des outils qu'on étale sur l'établi avant de construire une étagère, ou de l'ouverture des pots de peinture avant d'attaquer la cuisine.

Le son des ciseaux sur du papier de bricolage n'est pas à prendre à la légère. C'est le son de la créativité qui bouillonne, des idées qui germent. Et d'un après-midi pluvieux de plaisir.

COOL !
_____

Ouvrir les yeux avant la sonnerie du réveil et se rendormir

Fenêtres obscures, silence de mort, faible lueur de la lune qui ondule sur les murs. La nuit est calme et paisible.

Et soudain… Ahhh !

Vous ouvrez les yeux et sautez du lit, bourré d'adrénaline, le cerveau qui tourne à 100 à l'heure. Étourdi et aveugle, dans l'urgence, vous trébuchez sur vos souliers. Des pensées s'agitent dans votre esprit – suis-je en retard pour le boulot, n'ai-je pas entendu la sonnerie, est-ce que j'ai le temps de prendre une douche ?

Vous empoignez le réveil et le portez à vos yeux tout plissés.

« 4 :56 », hurle silencieusement l'affichage rouge fluorescent.

« 4 :56 ».

Encore embrumé, votre cerveau sort peu à peu de son demi-sommeil. «Matin tôt trop... Dormir encore. Temps.»

Et là, avec un léger sourire se profilant sur vos lèvres, vous replongez dans vos draps. Vous savez que la prise deux du merveilleux monde des rêves sera un régal, pour plusieurs raisons.

- Il ne manque que vous. Le lit est encore chaud, le matelas est déjà creusé et l'autre côté de l'oreiller attend votre tête à l'odeur de sueur salée. Démêlez les draps et le tour est joué.

- Vous pourrez rêver en toute liberté. Si vous vous souvenez du rêve que vous étiez en train de faire, vous pourriez fermer les yeux, vous brasser un peu le cerveau et y retourner.

- Vous bénéficiez d'une pause unique. Votre corps s'est réveillé tôt parce qu'il se sentait assez reposé. Mais il vous dit «Vas-y, prolonge un peu l'expérience, laisse-toi dormir.» Hé, les amis, c'est comme une journée de tempête sans avoir à pelleter, une belle surprise de temps libre, sans culpabilité aucune.

Se réveiller en sursaut et se rendormir dans le plaisir, wow! Bien sûr, le pouls s'affole, le cerveau se convulse, mais vous vous rendez vite compte que le matin est encore loin. Ronflez, et mettez-y du cœur.

COOL!
———

Jumeler les chaussettes

La mâchoire tendue, vous séparez ce gros tas de bas pleins d'électricité statique. D'abord, vous les sortez de la sécheuse pour les jeter sur le lit. Ensuite, vous commencez par mettre ensemble les plus faciles – les chaussettes brunes et les chaussettes rayées rouges. Tout va bien et vous vous détendez.

Mais c'était trop tôt.

Voilà la grosse pile de bas blancs et noirs. Il faut examiner les motifs et la position du talon, vérifier les textures et l'usure, tout en souhaitant, à chaque instant, qu'il ne reste pas d'orphelin sur le lit.

Vous arrivez aux derniers spécimens et faites un petit calcul mental pour voir s'il en reste un nombre pair sur le lit.

Le cas échéant, c'est le bonheur. Le monstre de la salle de lavage n'en a englouti aucun. Tous bien pliés, vous allez les déposer en rangée dans le tiroir de la commode, le sourire aux lèvres.

COOL !

Récolter des minutes gratuites dans le parcomètre

Disons qu'une âme généreuse, ou pressée, est partie sept minutes avant l'expiration du parcomètre. Ce faisant, elle vous a donné trois choix.

Primo, le tour gratuit. Selon un calcul rapide, vous réussirez à faire toutes vos courses dans les sept minutes. Si vous pouvez acheter une pointe de pizza et passer chez le nettoyeur en si peu de temps, foncez !

Secundo, le trente sous. Une bonne option si le tour gratuit est trop stressant et que vous craignez la contravention. Vous insérez la pièce toute chaude dans le parco, parce que dix-sept minutes suffiront, vous en êtes sûr. Vous appréciez les sept minutes gratuites, mais vous jugez qu'il vaut mieux marcher d'un bon pas que courir comme un malade.

Tertio, la machine à sous. Il faut éviter la contravention à tout prix, même si ça coûte deux dollars de plus. Vous vous accordez une marge de sécurité béton, dirais-je, au cas où vous soyez retenu quelque part.

Même les plus endurcis d'entre nous aimeraient croire qu'ils sont assez cool pour le tour gratuit. Mais à vrai dire, nous y allons plus souvent pour la machine à sous. Et sans la méthode du petit trente sous, qui nous permet de profiter à la fois des minutes gratuites et d'un petit coussin, nous n'aurions plus aucun plaisir à trouver un généreux parcomètre.

Donc, grâce à notre solidarité, nous veillons à ce que le monde tourne bien rond.

COOL !

Sentir des crayons de couleur

Ouvrir une nouvelle boîte de crayons de couleur, ça fait voyager les neurones.

COOL !

Éplucher une orange
sans casser la pelure

Ce n'est pas facile, mais quand on réussit à peler une orange en une belle longue torsade, c'est une expérience délicieuse. Voici ce qu'il faut faire pour que la magie opère.

1. *Choisir le spécimen.* Prenez le temps de bien examiner les oranges à votre disposition. De préférence, choisissez-en une qui est mûre depuis un jour ou deux et dont la peau, lâche et pendante, vous supplie presque d'y enfoncer le pouce. En cas de doute, rappelez-vous ceci : pour enlever la pelure, en choisir une bien mûre.

2. *Rouler l'orange (facultatif).* Certains font rouler l'orange sur le comptoir pour s'assurer que la peau se détache bien de la chair. C'est le réchauffement avant le combat. Cette tactique a aussi l'avantage de rendre le fruit encore plus juteux.

3. *Enfoncer le pouce.* C'est l'étape la plus importante, alors allez-y mollo. D'abord, sachez qu'il faut perforer la peau avec le pouce. La méthode, fort

discutable, de la griffe à quatre doigts est vouée à l'échec: des lambeaux de pelure voleront dans toutes les directions. De grâce, n'essayez pas. Bon, maintenant, concentrez-vous, inspirez profondément et visez les pôles, nord ou sud, de l'orange. Évitez à tout prix la région de l'équateur. La pelure y est plus fine qu'ailleurs et, si vous y enfoncez le pouce, vous le ressortirez dégoulinant de pulpe.

4. *Travailler en un long et lent mouvement.* Une fois le pouce sous la pelure, commencez à détacher lentement et, si possible, majestueusement une grande bande de pelure, tournant et tournant autour de l'orange. Prenez soin de ne pas provoquer d'îlots de résistance, ces petits bouts de peau qui pendent au milieu d'une zone fraîchement pelée. De même, la bande ne doit pas être trop épaisse (geste imprécis et imprévisible) ni trop fine (risque de cassure). Détendez-vous et ça viendra petit à petit. Si vous croyez perdre le rythme ou si la nervosité vous gagne, déposez l'orange, frottez-vous les mains, inspirez profondément et reprenez.

5. *Savourer la victoire.* Avez-vous réussi? Si oui, félicitations! Vous vous retrouvez avec une orange fraîchement tondue dans une main, et un long serpentin dans l'autre. Pour que la victoire soit officielle, vous devez montrer votre exploit à quelqu'un. «Hé, regarde!» S'il ne semble pas impressionné, mettez-lui la pelure devant les yeux. À tout le moins, il devrait lever laconiquement le pouce ou hausser

sarcastiquement les sourcils. Peler une orange d'un trait est un accomplissement respectable. En matière d'exploits fruitiers, ça bat la scission du melon, l'étêtage de l'ananas et la fissure de la noix de coco.

COOL !

Utiliser les shampoings
et les savons des autres

Le shampoing voyage très mal.

D'abord, c'est à peine si on peut en apporter dans l'avion. On a juste droit à un petit format en cabine, alors il faut transférer un échantillon dans une bouteille conçue pour le voyage. Opération délicate qui résulte généralement en dégât sur le comptoir de la salle de bains. En plus, ces bouteilles sont si petites qu'on les oublie partout.

Si, pour s'épargner ces inconvénients, on met une grosse bouteille dans la grosse valise qui va dans la soute, il y a encore le problème de la protection anti-fuites. J'ai constaté que ma méthode – mettre une grosse bouteille de shampoing dans deux sacs de plastique – n'est pas la solution idéale. Elle me permet, c'est vrai, d'éviter que mes vêtements soient englués, mais je trouve souvent à destination une bonne quantité de shampoing dans le sac, et je dois me taper un rinçage en règle de la bouteille à moitié vide.

Pas moyen de s'en sortir : comme les feux d'artifice, les coupe-ongles ou les bébés sujets aux coliques, le shampoing n'est pas fait pour voler. Si vous êtes comme moi, vous n'en apportez plus. Vous bouclez simplement votre valise en espérant que votre chevelure s'en tirera.

Quiconque voyage sans shampoing s'expose à plusieurs éventualités.

1. *S'adapter au look cheveux gras.* Exploitez pleinement les possibilités du peigne, et priez pour qu'il n'y ait pas de tempête de pellicules.

2. *Déboucher la petite bouteille ou déchirer avec les dents la minuscule enveloppe gracieusement fournie par l'hôtel, une fois dans la douche.* Si vous êtes comme moi, vous utiliserez également la lotion, croyant que c'est le revitalisant.

3. *L'hypothèse la plus agréable : rester chez des amis et utiliser leur douche.* Alors là, c'est une orgie de shampoings et de savons. Vous les essayez tous.

Cette option n'est valable que si vous restez chez de vrais amis et si vous avez accès à la douche qu'ils utilisent tous les jours, et non celle des invités ou du sous-sol. C'est là où vous découvrez, en tirant le rideau un peu flétri, un univers inattendu de produits bizarroïdes roses et verts à moitié entamés, étalés sur toutes les tablettes.

À vous de jouer. Verrouillez la porte, mettez-vous à poil et sautez dans la douche.

Respectez tout de même les **4 règles** de la douche d'amis.

1. *Ne touchez pas au pain de savon.* Jamais, au grand jamais. Vous ne savez pas avec quoi il a été en contact, ils ne savent pas ce que vous en avez fait, donc, pas touche! Personne ne veut laisser en guise de remerciement des poils mouillés dans le savonnier.

2. *Ne vous éternisez pas.* Profitez du moment, bien sûr, mais sans abuser. Vous ne savez rien de leur réservoir d'eau chaude, et peut-être attendent-ils après vous pour utiliser la salle de bains. Alors, sortez de là avant que la pièce s'emplisse de vapeur. Et laissez tourner le ventilateur.

3. *Testez l'échantillonnage.* Si vous restez chez un couple, il y a fort probablement des sections elle et lui. Essayez les deux! Tiens, qu'est-ce que c'est que ça? Une nouvelle fragrance de gel pour le corps? Prenons-en un peu! Pssscht, pssscht! Du savon kiwi-pamplemousse pour le visage? Wow! Et pour terminer, un revitalisant haut de gamme, à 40$ la bouteille, qui semble tout droit sorti d'un laboratoire? Pourquoi pas!

4. *Faites preuve de modération.* Essayez tout ce que vous voulez, mais ne videz aucune bouteille. Ils veulent peut-être profiter une dernière fois de ce revitalisant hors de prix, et vous ne voulez pas les priver de cette joie.

Personnellement, quand j'essaie tous les shampoings et savons qui se trouvent dans la douche d'amis, j'ai l'impression de participer à une expérience. J'arrive même à imaginer la scène. Deux scientifiques en sarrau blanc vous attendent dans le couloir, stylo et questionnaire en main. Vous émergez de la douche, enveloppé dans une serviette, la peau humide, les pieds mouillés. Et, tout de suite, c'est l'interrogatoire : «Comment avez-vous trouvé le shampoing dans la bouteille bleue ? Moussait-il autant que vous le vouliez ? Et l'odeur, agréable ou ordinaire ?» Tout en poursuivant leurs questions, ils notent furieusement vos impressions. Puis vient LA question : «Dans l'ensemble, que diriez-vous de votre expérience ?» Ils attendent, fébrilement, la tête penchée, les crayons prêts, le regard scrutateur derrière leurs lunettes.

Et vous souriez, vous faites oui de la tête. Vous savez quoi leur dire :

COOL !

Voir tomber deux tablettes
de chocolat de la distributrice

Premier acte : vous découvrez la friandise instable.

Elle est là, accrochée aux spirales métalliques qui l'empêchent de tomber dans l'abîme, après s'être refusée au dernier client qu'elle a aguiché. Plutôt que d'allonger un autre dollar pour la décoincer, le client s'est éloigné en marmonnant. C'est arrivé à tout le monde, mais maintenant, ce sera au karma de la distributrice de régler le sort de la tablette de chocolat qui plane entre deux mondes.

Glissez vos trente sous dans la fente, appuyez sur le bon bouton et attendez le doux ploc-ploc des deux barres qui tombent du ciel. Repoussez le panneau, étrangement lourd, et ramassez votre butin. Contemplez votre trésor au chocolat au lait, caramel et amandes, et déguerpissez.

C'est l'heure de la collation.

Voilà votre chance de jouer au père Noël avec un collègue qui ne se doute de rien. N'est-ce pas merveilleux ! Qui, au bureau, refuserait une dose de caramel ? Alors, partagez votre butin – sans diminuer votre plaisir.

Et puis, pensez-y : malgré toute la bonne volonté du monde, il est impossible de rendre la tablette obtenue gratuitement. Pas moyen de rentrer la main dans la distributrice et de la lancer dans sa spirale mécanique. Alors, oubliez la culpabilité et souriez à pleines dents – oh, vous avez un petit morceau d'amande, là, à gauche. Remerciez les dieux de la collation de vous avoir béni aujourd'hui.

Et laissez-moi vous dire quelque chose : vous le méritez pleinement.

COOL !

Lécher les batteurs du malaxeur

Impossible à faire sans se beurrer le visage de mélange à gâteau, surtout si vous voulez atteindre le centre des batteurs. Comme la langue ne s'y rend pas vraiment, vous n'avez pas le choix. Allez-y, mettez-vous-en partout. Vous ne le regretterez pas.

COOL !

Obtenir les meilleurs sièges
au cinéma dans une salle pleine

Je ne connais personne qui n'a pas de place préférée au cinéma.

Par exemple, il y a les *fanatiques de la dernière rangée*. Nous les connaissons, car nous avons déjà été comme eux, un jour ou l'autre. Sans personne derrière, c'est l'endroit idéal pour prendre quelques gorgées d'une petite bouteille camouflée ou pour asseoir les grands efflanqués qui ne veulent pas bloquer la vue. On les en remercie, d'ailleurs.

Viennent ensuite les *adeptes du milieu,* qui monopolisent des fauteuils parmi les plus recherchés: au milieu de la rangée du centre, à mi-chemin de la salle. Quand on les connaît, on sait qu'ils prétendent que le son est meilleur lorsqu'il vient d'en face, ou qu'ils ont mal à la tête s'ils s'assoient trop près de l'écran. Mais, selon moi, ils aiment simplement se sentir au cœur de l'action. Et qui peut les en blâmer?

Puis, il y a les *ailiers,* qui s'accaparent les bords des rangées. C'est une espèce rare, mais j'en connais. Ces gens, qui ont peut-être un compte-gouttes à la place de la vessie, comme moi, ou qui traînent des enfants grouillants avec eux, veulent un accès rapide vers la sortie en cas de besoin. Ou bien ils refusent de partager les appuis-bras. Quoi qu'il en soit, on est contents de les savoir là, car ils augmentent nos chances de faire main basse sur les autres places.

N'oublions pas les gars et les filles du *genre paresseux,* ceux et celles qui posent les pieds sur le siège devant eux. «Nous sommes venus ici pour relaxer, semblent-ils dire. Et c'est ce que nous allons faire.» Ils n'ont aucune honte à se prévaloir du siège complémentaire pour y mettre leurs Nike tout sales ou leurs talons couverts de maïs soufflé. Certains audacieux vont même jusqu'à prendre lentement et doucement appui sur le siège même si quelqu'un l'occupe déjà. En règle générale, ils ne cherchent pas à se faire de nouveaux amis. Mais leur obsession est telle qu'ils iront jusqu'à prendre un siège de coin dont personne ne veut.

Enfin, il y a les *malades des premières rangées.* Vous savez, j'ai toujours cru que les cinéphiles assis dans les premières rangées manquaient de jugeote... ou avaient un très bon chiropraticien. Non mais, sérieusement, se tordre le cou, se tourner la tête de gauche à droite pendant toute la représentation, à quoi pensent-ils? Il doit y en avoir parmi eux qui, comme mon ami Mike, ont encore oublié leurs lunettes sur le comptoir de la cuisine et obligent les autres à s'asseoir devant pour qu'ils puissent voir l'écran.

Malgré nos préférences, on ne réussit pas toujours à avoir la place qu'on veut.

Certains achètent leurs billets sur Internet avant d'arriver et font la queue longtemps à l'avance. Quand on arrive, ils sont déjà là, attendant près de la poubelle, mâchant de la gomme, lisant la revue gratuite. Impossible de battre ces zélés à moins de jouer leur jeu. Et leur jeu, laissez-moi vous le dire, est plutôt fastidieux.

Il y a aussi les gens qui semblent avoir trouvé une voie détournée. Vous pensez avoir déniché une bonne place, mais hop, soudain, deux dames étirent leurs chandails et leurs sacoches sur toute une moitié de rangée pour garder la place de leurs copines, qui arriveront à un moment donné. On dirait des poules qui vous regardent comme si vous alliez voler leurs œufs et déguerpir. Et elles ne lésinent pas sur l'espace. J'ai déjà vu un chandail de laine s'étirer sur trois sièges! C'est de l'envergure, ça, madame.

Bref, quand un film populaire prend l'affiche, il est assez difficile de trouver le siège parfait. Alors, quand vous arrivez le premier, que vous grimpez les marches, les yeux rivés sur le gros lot, et que vous lancez votre veste sur les places parfaites avant que le spectacle commence, avouez que vous avez une petite bouffée de satisfaction.

Veni, vedi, vici!

COOL!
———

Réussir à défaire un nœud

Je n'ai jamais appris à lacer mes chaussures.

Je sais, c'est pas fort, c'est très embarrassant même, mais je n'arrive pas à attacher mes souliers. Mes doigts refusent de faire les bons mouvements. Mes boucles sont une version molle du produit fini. Je dois me rabattre sur la méthode des oreilles de lapin : une boucle avec la main droite, une autre avec la main gauche, et les deux attachées ensemble. C'est moins rapide, mais c'est pas encore le pire.

En fait, le pire, c'est que mes lacets finissent par n'être plus qu'un paquet de gros nœuds serrés, et il me faut une éternité pour les défaire.

Voilà pourquoi j'évite généralement de lacer mes souliers. Avant de sortir, je passe une ou deux minutes à essayer de m'enfoncer les pieds dans mes chaussures. Avec cette technique, je *déflaboxe* bien sûr l'armature, mais c'est toujours mieux que de défaire les nœuds.

Mais vient un moment où je n'ai plus le choix. Arrive le jour où mon nœud désordonné tombe paresseusement sur le côté du soulier et, tout poussiéreux, il me zieute tristement. Je lui souris péniblement en retour, je m'assois dans les marches, prêt à lutter pendant cinq longues minutes pour le dénouer.

Je ne vous mentirai pas : je perds souvent la bataille, et alors je mets des sandales ou je reste pieds nus à la maison, et je commande une pizza. Mais certains jours, à moi la victoire ! Je joue du bout du doigt, grattant encore et encore le lacet jusqu'à ce qu'il commence à céder. Je le tire d'un côté et de l'autre et, mine de rien, je finis par voir la lumière au bout du tunnel. Le moment de vérité, le rêve devenu réalité.

Les dernières secondes avant la victoire se déroulent au ralenti, dans un mouvement flou. Un lacet tordu se libère, puis l'autre, et ça se développe en crescendo pour se terminer dans une finale frénétique.

Que ce soit le fil des écouteurs ou du téléphone, et même les lumières de Noël, les derniers moments avant le grand démêlement se vivent dans l'allégresse.

COOL !
————

Suivre la règle des 5 secondes

Une autre règle bien connue, mais jamais nommée. Selon cette règle, il est parfaitement acceptable de manger tout aliment tombé par terre, pourvu qu'on le ramasse dans les cinq secondes.

Il y a aussi quelques variantes : la règle des trois secondes et celle des sept secondes, en plus de celle, tellement pratique avec sa capacité d'adaptation, du temps qu'il faut pour ramasser le morceau. En fait, peu importe la version utilisée, cette règle est un cadeau du ciel, et ce, pour plusieurs raisons.

1. *Elle nous fait paraître moins dégoûtant.* Grâce à elle, manger ce raisin mouillé qui a roulé sous le radiateur, accumulant au passage quelques poils de chat et des miettes séchées, ça n'a plus rien de dégueulasse. Il s'agit simplement d'un citoyen qui respecte les lois culinaires. Il y a toute une nuance.

2. *Elle nous épargne temps et argent.* Eille, attendez une minute ! Pas besoin de ressortir le beurre d'arachides et la confiture pour se préparer une autre rôtie. Ramassez celle qui vient de tomber et soufflez

un bon coup sur les épices de plancher. Au besoin, éliminez le bout de croûte détrempé qui a atterri dans la flaque de jus. Tout le reste est bon.

3. *Elle est scientifiquement démontrée.* À vrai dire, la science a prouvé que, si un plancher est couvert de salmonelle ou de la redoutable E. coli, vos aliments le seront aussi après un contact d'à peine une demi-seconde. Mais, ha, ha, la même étude de l'Université de l'Illinois n'a trouvé aucune preuve irréfutable de contamination sur les planchers publics en général. Un point pour la science!

Donc, bon peuple, je vous offre la règle des cinq secondes. Faites-en une amie, et répandez la bonne nouvelle.

COOL!

Sauter sur un rabais qui tombe à pic

Les publicitaires me rendent fou.

Quand je quitte l'épicerie, j'ai le sentiment de m'être fait avoir par cette clique. Je l'avoue humblement. Il m'arrive d'entrer dans un magasin pour acheter du papier de toilette, et d'en ressortir chargé comme un mulet, avec un énorme pot de salsa, une douzaine de croissants et deux pizzas surgelées.

Quand j'arrive à la caisse, ça me frappe de plein fouet, mais il est déjà trop tard. À contrecœur, je paie mes achats pendant que mon esprit recule de 15 minutes. Je me revois alors, à peine reconnaissable, fredonnant dans l'allée, acceptant jovialement le petit échantillon de yogourt à boire offert par de gentilles vieilles dames, les cheveux retenus par une résille. Sans trop m'en rendre compte, j'entasse dans mon panier des briques de fromage en format économique et des paquets de viande emballés sous vide.

C'est plus fort que moi, au beau milieu des laitues fraîchement aspergées et des réservoirs remplis de homards insouciants, je suis comme un enfant dans un magasin de bonbons. Mais quand j'arrive à la caisse, c'est une tout autre histoire.

Vous comprendrez donc ma joie quand je m'aperçois que l'article dont j'ai besoin est justement en spécial. D'un seul coup, le rapport de force change… en ma faveur.

«Oh! tiens, tiens…» Ça se bouscule dans ma tête tandis que je m'approche du présentoir de papier de toilette à moitié prix. «50% de rabais, vraiment? C'est mon jour de chance : je suis venu ici exactement pour ça! Pourquoi ne pas en acheter sept douzaines de plus, tant qu'à faire?»

(Puis, en regardant autour, les sourcils circonflexes) «Je crois bien que ce sera tout pour aujourd'hui.»

Si vous êtes comme moi, vous faites alors semblant de cocher votre liste d'épicerie, et vous savourez le moment. Le portefeuille encore bien garni, le sourire fendu jusqu'aux oreilles, vous passez à la caisse express. Le paradis du radin.

COOL!

Ôter la pellicule plastique
d'un nouveau gadget électronique

Bienvenue dans le vrai monde, belle télécommande.
Heureux de vous accueillir parmi nous, cher portable.
Vous voilà enfin libre, cellulaire de mon cœur.

COOL !

Retrouver ses clés après d'intenses recherches

Insidieusement, la panique s'installe.

Mettons-nous en contexte. C'est le petit matin, et vous allez travailler. Vous éteignez les lumières, enfilez vos chaussures et tapotez machinalement vos poches. Oh, surprise, elles sont vides.

«Ah, dites-vous en haussant les épaules. Je les ai sans doute laissées sur le comptoir de la cuisine.»

Un petit détour par la cuisine pour trouver… rien, absolument rien. Vous fouillez de nouveau dans vos poches, vérifiez dans votre sac et faites une brève pause en fixant le micro-ondes, le temps d'un petit calcul mental. Il vous reste sept minutes avant d'être en retard pour le boulot. Commence alors un classique: la quête des clés en trois actes.

Premier acte: la mise en place. Le rideau se lève sur une scène: vous revenez au comptoir de cuisine, fouillez dans vos poches pour la troisième fois et explorez le reste de la maison en vitesse. Peu à peu, la panique s'installe. Vous sentez la frénésie qui augmente à chaque seconde. Vous marchez partout sur le tapis, la sueur perle sur votre front. Vous commencez à chercher dans des endroits de plus en plus obscurs, au son de la musique d'ambiance qui semble jouer dans votre tête. Dans la fosse d'orchestre, les violonistes se font aller l'archet, le tonnerre gronde et la pluie s'abat sur la fenêtre, pendant que vous regardez dans la salle de bain, les tiroirs de la commode et le frigo. Toujours rien !

Fondu au noir.

Deuxième acte: le détective. Le projecteur empoussiéré tremble et s'arrête sur vous, figé sur le pas de la porte. Vous regardez le plafond en grimaçant, respirez profondément en vous grattant la tête. Un chien aboie faiblement dans le lointain, et le tonnerre roule de nouveau. Le détective en vous réfléchit et retrace ses pas. « Où diable ai-je vu mes clés la dernière fois ? »

Le fil des événements vous revient en mémoire. « Juste après être rentré, je suis monté et j'ai enfilé une paire de jeans, dites-vous pour les spectateurs imaginaires. J'ai ensuite mangé un burrito, j'ai pris mes courriels et je me suis endormi sur le divan… »

Après une longue pause pleine de suspense, fondu au noir.

Troisième acte: les meilleurs moments. À court d'idées, vous repassez mentalement les meilleures scènes, dans un rapide diaporama des endroits où vous avez retrouvé vos clés par le passé. Défilent alors des images de jours meilleurs, projetées sur l'écran au fond de la scène. Un peu plus chevelu, moins bedonnant, arborant un t-shirt plus ajusté, le beau gosse que vous étiez trouve ses clés dans le jean froissé au fond du panier à linge. Dans une autre scène, en retard pour le party de fin d'année, vous vous enfargez dans les boîtes de pizza vides et les télécommandes des jeux vidéo, avant de trouver les clés dans les coussins du sofa.

Vous courez au salon et remuez les coussins un à un…

Rien à faire. C'est une époque révolue, et toujours pas de trace des clés. Les projecteurs convergent, s'assombrissent sur votre triste binette. Il s'agit désormais d'une tragédie. Le rideau tombe lourdement. Mais attendez…

Dans la salle, les lumières sont encore tamisées, on chuchote, et un mince grésillement d'électricité se fait entendre.

Rien n'est encore fini !

Le rideau se lève pour une brève finale. On vous voit aller et venir dans la maison, essayant de concocter un dernier plan de sauvetage. Vous songez à vous porter malade, à appeler votre blonde pour faire un double de vos clés ou, au pire, à changer les serrures.

Le manteau sur le dos, vous courez au milieu des coussins sur le sol en enjambant le panier à linge renversé. La musique monte en crescendo, pendant que la folie vous guette.

Au bord des larmes, le visage en sueur, vous ouvrez la porte de toutes vos forces et, le souffle coupé, vous apercevez ce trésor disparu : vos clés sont dans la serrure !

L'auditoire bondit et applaudit à tout rompre, ça siffle et ça crie au balcon. Toute une finale !

Bien sûr, quand ça se produit dans la vraie vie, vous vous sentez stupide et honteux mais, surtout, très soulagé. Vos muscles se détendent, votre poitrine se desserre et une vague de joie vous emporte. Tout est bien qui finit bien.

COOL !

Sentir le sable entre ses orteils

Libérez vos pieds. Enlevez-moi ces souliers et ces chaussettes moites qui vous étouffent, et marchez pieds nus sur la plage.

Ça fait wow, n'est-ce pas ? Des millions de grains de sable qui vous massent les pieds d'un seul coup, qui vous chatouillent et vous agrippent partout. Des montagnes de petits cubes qui vous serrent et vous réconfortent, caressant la plante de vos pieds fatigués et crevassés.

Peu à peu, le sable fait son chemin et se glisse sous vos ongles d'orteil et enduit doucement vos pieds, comme s'étend le beurre sur du pain grillé. Ah, rien de comparable à la sensation du sable qui vous grince entre les orteils...

COOL !

Faire preuve de courtoisie au volant et en récolter les fruits

Souvent, le temps presse. Et quand on file à toute vitesse, calé derrière le volant, avec la musique qui joue à tue-tête, on compte sur des gestes sans paroles pour se faire comprendre.

Il vous est sûrement déjà arrivé d'avoir droit à un petit signe de remerciement après avoir cédé le passage. C'est ainsi que la route vous récompense pour arriver à destination avec une voiture de retard.

Mais ça ne s'arrête pas là.

Comme nous le rappelait il y a quelque temps une campagne publicitaire de la Société de l'assurance automobile sur la courtoisie au volant, il suffit parfois de petits gestes de gentillesse pour que la magie fasse des petits.

1. *La gratitude au feu rouge.* Vous arrivez au feu rouge, et le type devant vous s'avance un peu dans l'intersection pour que vous tourniez à droite plus vite. En passant à côté de lui, vous lui envoyez la main

en agitant deux ou trois doigts, le remerciant ainsi d'avoir réduit la durée de votre trajet d'une vingtaine de secondes.

2. *Le remerciement à l'avance.* J'ai clairement orienté l'avant de ma Honda Civic vers la voie congestionnée où je veux m'engager. Avant même de m'y faufiler, je veux vous adresser un petit merci de me céder le passage. Je sais que vous m'avez vu… Bien sûr, vous pouvez éviter le contact visuel, mais je suis déterminé à vous faire un petit signe pour m'attirer un peu de sympathie.

3. *Le geste d'excuse.* Ne confondez pas. Même si ce geste s'apparente au remerciement, il s'accompagne généralement d'une mine déconfite, au lieu d'un haussement de sourcils reconnaissant. La prochaine fois que vous enverrez promener dans le décor une vieille Volks remplie d'ados, assurez-vous de leur adresser un geste d'excuse bien senti.

4. *L'invitation à passer.* Vous arrivez au stop toutes directions en même temps qu'une autre voiture, et vous décidez de la laisser passer en premier. Peut-être s'agit-il d'une petite dame dont les yeux arrivent à peine à la hauteur du volant, ou peut-être voulez-vous simplement éviter l'accident de voiture le plus lent du monde. Quoi qu'il en soit, vous montrez le chemin la paume ouverte, un peu comme les hôtesses de l'émission *Le Banquier* dévoilent un nouveau prix.

Pour faciliter la circulation et préserver la bonne humeur, rien de tel qu'un peu de communication non verbale, à l'aide d'un regard ou d'un geste de la main. Surveillez le remerciement qui suit une de vos bonnes actions, et n'oubliez pas de saluer, d'un signe de tête, l'automobiliste qui vous rendra la pareille.

COOL !

Se faire dorloter juste avant de s'endormir

C'est l'après-midi, vous êtes en congé, tout est calme. Quelle belle occasion de faire une sieste sur le sofa... Le meilleur dans tout ça? Je vous le donne en mille: les quelques secondes où l'on se sent partir, juste avant de tomber dans les bras de Morphée. Quel doux moment!

Ça ne dure qu'un instant. Vous flottez dans une demi-conscience, vos pensées prennent la clé des champs, vos muscles se détendent. Le soleil vous chauffe le visage, le son de la radio n'est plus qu'un apaisant bruit de fond, et vous sentez le sommeil vous envahir. Oh, que vous vous endormmmmm…

Comme petit plaisir du quotidien, c'en est un grand!

Il n'y a que **2 choses** pour gâcher ce voyage dans le monde de l'entre-deux.

1. *Une envie d'aller à la toilette.* À moins d'être certain que votre vessie résistera, vous devrez vous lever.

Bien dommage : personne ne peut le faire à votre place !

2. *Le froid.* Étendu sur le divan, vous frissonnez légèrement. Il y a des couvertures sur votre lit, mais si vous vous levez pour aller en chercher une, dites adieu à l'état de béatitude qui vous habite. Pas facile de s'extraire d'un monde aussi agréable et accueillant.

Aussi, quand une âme charitable comprend votre situation, prend sans bruit une couverture dans l'armoire, puis vous en recouvre alors que vous êtes encore à moitié conscient... quel bonheur ! C'est encore plus magique si cette personne attentionnée prend la peine d'ouvrir la couverture dans les airs, pour qu'elle se dépose doucement sur vous.

Et là, Madame, Monsieur, comme si on vous donnait la permission de vous laisser aller, vous sentez la chaleur, tellement réconfortante, vous envahir. Tout votre corps se détend, et vous tombez dans un délicieux sommeil.

COOL !
——

Se faire demander ses cartes quand on a largement passé l'âge

Des fois, on a envie de prendre un verre.

Une bonne bouteille de merlot pour arroser un souper aux chandelles. Les bières qui se cognent dans une glacière pleine de glace, à côté de la tente. Les drinks qu'on s'envoie derrière la cravate dans les bars remplis de cégépiens. Les flûtes de champagne qui tintent au réveillon du jour de l'An.

En fait, quelle que soit l'occasion, ça n'a pas d'importance. Quand on a envie de boire, il faut d'abord mettre le nez dehors pour aller acheter la marchandise.

Si vous êtes comme moi, vous êtes passé par quatre stades distincts à l'époque où on vous demandait vos cartes. Sinon, vous y passerez.

- *Stade 1 – La rage juvénile.* D'accord, vous n'avez pas tout à fait atteint l'âge légal. Mais vous en êtes assez proche pour vous essayer. Le hic, c'est que le grand boutonneux à la caisse vérifie votre fausse carte, et vous voilà pris. À cause de cet imbécile, vos plans du vendredi soir sont foutus!

- *Stade 2 – La majorité.* Enfin, vous êtes majeur! Pas besoin de dire que vous êtes prêt à défendre votre droit de consommer. Vous poussez le chariot fièrement dans les allées, prenant un peu de ceci et de cela. Et quand le caissier vous demande une pièce d'identité, vous avez la sensation d'être le roi du monde! «Bien sûr, la voici.» Vous le dites assez fort pour que tout le monde entende, au point que ça fait rigoler la file derrière vous. «Merci de me la demander!»

- *Stade 3 – La vingtaine blasée.* Comme ça fait quatre ou cinq ans que vous êtes majeur, l'effet de nouveauté a disparu. Maintenant, ça vous énerve de devoir sortir le permis de conduire pour acheter vos six bières avant le match. Coudon, cet idiot, il a besoin de lunettes ou quoi? Une barbichette comme la mienne, ça pousse pas sur un ado!

- *Stade 4 – La fontaine de jouvence.* Au bout d'un moment, les premiers cheveux gris apparaissent. Vous commencez même à acheter du vin blanc pour le barbecue, au lieu des boissons à la vodka pour passer la nuit debout. Vous connaissez les allées du magasin, vous souriez chaleureusement à la caissière et, oh surprise, elle vous demande une pièce d'identité!

Oh monsieur, ça fait longtemps que ça ne vous est pas arrivé! Tout excité, pas mal plus flatté qu'insulté, vous cherchez votre carte dans votre portefeuille, les yeux aussi pétillants que si vous aviez trouvé la fontaine de jouvence. C'est encore plus *hot* quand ça arrive le jour de votre anniversaire.

COOL!
————

Percevoir l'odeur de la pluie sur un trottoir brûlant

Il y a un je-ne-sais-quoi dans l'odeur de la pluie sur un trottoir chauffé par le soleil.

Le soleil a plombé toute la journée. Vous marchez sur le trottoir quand, soudain, il se met à pleuvoir. Aussitôt, un doux parfum monte, inattendu. Comme si l'ondée avait nettoyé l'air, clouant au sol toutes les particules de poussière et de saleté, et libérant des substances chimiques infiltrées dans le ciment. C'est encore mieux quand il n'a pas plu depuis un bout de temps et que le trottoir est brûlant. On croirait entendre le ciment crépiter pendant qu'une vapeur chaude, épaisse et enivrante, s'en dégage.

COOL !

Saluer des étrangers au passage

Par un beau samedi matin, vous roulez tout bonnement sur la piste cyclable. Au bout d'un moment, vous croisez un cycliste qui pédale dans la direction opposée et, spontanément, vous vous saluez tous les deux d'un signe de tête. L'espace d'un instant, ça vous frappe : « Hé, on a quelque chose en commun, on fait la même activité. C'est le fun de sentir qu'on n'est pas tout seul. »

Ça fonctionne aussi quand vous voyez une personne qui conduit une voiture comme la vôtre, quand vous croisez quelqu'un qui promène son chien le dimanche matin ou qui sent un cantaloup à côté de vous à l'épicerie.

COOL !

Dénicher des vieux,
de très vieux Tupperware

Dans notre beau grand pays, on trouve parfois, au fin fond des armoires poussiéreuses, de très vieux plats Tupperware, aussi utiles aujourd'hui qu'il y a une trentaine d'années. Les célèbres contenants qui ont fait la renommée de la marque sont encore de service. Et soyez sans crainte : le pain aux bananes restera moelleux, les tiges de céleri, croustillantes, et le dernier morceau de lasagne, bien frais ! Tout va pour le mieux dans le merveilleux monde de la préservation sous vide, ou presque.

Les bons vieux Tupperware viennent habituellement en trois couleurs : vert dessus de cuisinière, orange cône de signalisation et jaune soleil. On en trouve aussi avec des dessins floraux des années 1950 et des taches de tomates incrustées – un souvenir du plat de chili qu'on a oublié dans le congélateur pendant deux ans.

Je m'amuse en pensant à tous les aliments que les plats Tupperware ont pu contenir en un demi-siècle. Comme ils ont vu le jour en 1946, la gamme de saveurs est riche: burgers au bacon, pâté chinois, salade au jello, brownies, potage au persil, biscuits au tofu, pizzas pochettes, restes de repas congelés, crème glacée d'astronaute...

Et quand vous dénichez des plats Tupperware vraiment vieux, vous pouvez être sûr d'une chose: ils en ont vu des vertes et des pas mûres. Ça nous rappelle une vie plus simple, quand les plats aux couvercles hermétiques avaient un sens. Au fond, c'est quelque chose de vrai, d'authentique.

Quelque chose en quoi placer sa confiance.

COOL !

Faire le plein juste avant
la flambée des prix

— • • —

Voici comment ça se passe.

Dans la salle du conseil d'une grande tour à bureaux, au cœur d'une métropole balnéaire d'un pays exotique, des monsieurs en veston cravate sont assis autour d'une table en acajou massif. Anonymes, à l'abri de toute critique, ils sirotent un scotch, s'échangent les photos de leur nouveau yacht et font des plans pour augmenter le prix de l'essence avant le long week-end. Ça coûte cher, un yacht.

Avec leurs boutons de manchette en or qui font résonner les verres de cristal, bien cachés derrière la fumée de leurs cigares, les magnats du pétrole rient dans leur barbe. Fiers de leur coup, ils s'échangent des tapes dans le dos, puis filent à l'aéroport dans leurs belles grandes limousines. Et, bien sûr, juste avant de partir, chacun prend sa dose d'essence à indice d'octane élevé, pour s'assurer que les pompes continuent de faire sonner les caisses enregistreuses.

Du moins, c'est comme ça que je l'imagine.

Après tout, les prix de l'essence semblent augmenter chaque fois qu'il faut faire le plein pour le week-end.

C'est pour ça qu'il m'arrive souvent, pendant la semaine, de surveiller les prix des stations-service. Aussitôt que ça baisse, même au compte-gouttes si j'ose dire, paf! j'arrête faire le plein – juste avant la flambée.

Quand vous choisissez le bon moment, vous économisez jusqu'à trois dollars. Un billet de loterie, du lave-glace, ou peut-être un pogo pour la route... Le lendemain, vous vous pétez les bretelles en passant devant la station-service, avec le réservoir encore plein : les prix ont bel et bien grimpé. Quoi de plus satisfaisant que de tomber pile.

Cette semaine, vous avez joué à la loterie de l'essence. Mais, surtout, vous avez gagné.

COOL !
———

Rouler à bicyclette
pour la première fois

Ce petit bonheur-là, faites-le lire à vos enfants.

Papa assure ton équilibre pendant que tu pédales, pédales, pédales de toutes tes forces. Tout d'un coup, tu te rends compte que ça y est, tu roules vraiment sur tes deux roues. Tu te retournes, doucement pour ne pas tomber, et qui tu vois là-bas, loin derrière? Ton papa tout joyeux, qui t'envoie la main et t'encourage.

Tu viens d'apprendre à pédaler. Tu roules à vélo pour la première fois. Papa est fier de toi.

COOL!

Porter des sandales
quand ce n'est pas la saison

J'ai fait mes études universitaires dans une petite ville où sévissaient des événements climatiques extrêmes.

À la fin de l'été, le vent tournait subitement et devenait d'une froideur et d'une hostilité à vous écorcher les joues, comme si on y appliquait du fard avec un papier sablé.

L'hiver, les routes et les trottoirs étaient recouverts d'amas de neige mouillée. En d'autres mots, des petites bombes de glace, de saletés et de calcium qui vous éclataient sur les pantalons et les chaussures, et laissaient de grosses taches en séchant.

Au printemps, la neige fondait et détrempait complètement le sol. Les pelouses, d'apparence solide, nous jouaient des tours : dès qu'on y mettait les pieds, on s'y enfonçait profondément. Une boue froide montait alors à la surface, s'insinuant dans les chaussures et les chaussettes. On avait l'impression de marcher dans une tourbière recouverte de lombrics écrasés et de crottes de chien.

C'était pas joli, je vous le dis. En fait, mes colocataires et moi n'avions que **2 options.**

1. *Essayer de prévoir la météo.* Par exemple, s'habiller comme un oignon, prendre un parapluie quand il fait soleil, se constituer une collection de bottes imperméables, et s'exprimer bizarrement, genre « s'enterrer chez soi » et « s'aventurer dehors ».

2. *L'ignorer complètement.*

Comme de raison, nous avons choisi la seconde. Et nous en avons subi les conséquences.

Le vent nous a brûlé les joues, et la neige fondante s'est glissée sous nos t-shirts. Trempés par la pluie, nous avons ruiné nos chaussettes en nous les arrachant des pieds. Nous avons eu les mollets écorchés, des coups de froid et des cheveux plus plats que ça, tu meurs !

Mais, avec le temps, nous avons réussi à ignorer les intempéries.

Mon ami D était le maître ès indifférence. À preuve : il portait des sandales à longueur d'année. Pluie, neige, vent, peu importe. « Les orteils ont besoin de respirer, de RESPIRER », disait-il sévèrement en refermant la bande de velcro de ses sandales. Il enfilait son lourd sac à dos, respirait profondément, vous faisait un clin d'œil et sortait d'un pas lourd dans le blizzard, évitant les plaques de glace et les monticules de gadoue comme un pro.

De temps à autre, il y avait des mauvais jours, ceux où dame Nature nous assénait ses pires coups, par exemple se faire éclabousser de la tête au pied par un camion ou se geler les orteils à tel point qu'il fallait au moins 20 minutes de radiateur pour les faire revenir à la vie.

Allez, avouez-le, nous prenons un malin plaisir à porter des sandales quand ce n'est pas le temps. Fini le carcan des chaussures, les chaussettes opprimantes! À bas les avertissements de froid extrême du canal météo.

Citoyens du monde, rendez-vous à l'évidence: si nous en finissons avec les chaussures, plus rien ne pourra nous arrêter.

COOL!
———

Descendre de l'avion
après un vol interminable

Les odeurs corporelles se dissipent, les bébés braillards se taisent devant le carrousel de bagages, le cellulaire reprend vie, vos amis vous appellent, hé salut, et vos muscles endoloris se détendent maintenant que vous pouvez les étirer. Ça va. Vous êtes sorti du siège côté hublot, sorti de l'allée, vous avez retrouvé la position debout, alors, marchez droit devant et souriez.

COOL !

Piger un Q et un U
en même temps au Scrabble

Il n'y a pas pire joueur de Scrabble que moi.

Quand vient mon tour, les autres joueurs se désinté-
ressent momentanément de la partie, attendant
patiemment que je m'exécute. Ça me met mal à l'aise,
alors je fixe mes lettres et je me concentre très fort
pour trouver un mot de plus de trois lettres. J'essaie
aussi d'éviter leurs railleries, du genre «tu nous as
encore bouché le jeu». Il suffit de quelques minutes
avant que quelqu'un dise: «Il faudrait mettre une
limite de temps, ha ha ha!» Et tout le monde rit. Je
lève les yeux, leur renvoie un petit sourire et me
replonge dans mes lettres. Que je fixe avec une inten-
sité grandissante. Encore un peu de silence, et là, je
lève de nouveau les yeux, je fais une grimace et je leur
lance un des **2 commentaires** suivants:

1. *«Désolé les gars, j'ai juste des voyelles dans mon jeu. »*

2. *« C'est le festival des consonnes, qu'est-ce que vous voulez!*
   J'ai encore besoin de temps, à moins que "jgrfqll"
   soit un mot. »*

Une personne à l'âme charitable sourit à ma blague douteuse, une autre se met à zapper d'une chaîne à l'autre, tandis qu'un troisième joueur se dirige vers la toilette avec un journal. Je joue frénétiquement avec mes lettres, espérant voir apparaître des mots comme *képi, hélas* ou *péroné* sur mon petit support en bois.

Les nerfs en boule, le cœur battant, dans un geste désespéré, je finis par faire un banal mot de quatre lettres comme *lune* ou *bien*. «Huit points», dis-je à l'oreille du marqueur, en tournant le jeu et en faisant un signe de tête aux autres joueurs pour qu'ils reprennent la partie.

Mon problème, voyez-vous, c'est que je pige des lettres comme *j, z* ou *q* dès le début de la partie, et je reste pris avec jusqu'à la fin. Le *q* est pire que les autres. Il fait miroiter un beau gros 10 points, à condition de piger un des quatre «u» du jeu. Je forme des mots comme *q_oi* ou *q_and*, en prévision du *u* providentiel... que je pige rarement. Le *co_ du village,* ce n'est pas moi!

Voilà pourquoi l'une-des-choses-les-plus-merveilleuses-qui-puissent-arriver-dans-un-jeu-de-société, c'est de piger un *u* en même temps qu'un *q* au Scrabble. Je dirais même que ça bat deux hôtels sur la Promenade au Monopoly.

Si je pige le *q* et le *u* ensemble au Scrabble, à moi la victoire. J'ouvre les vannes... Je qualifie les quidams qui me questionnent et me querellent de quinauds quinteux. Et à moi les 50 points en prime.

COOL!
_____

Souffler toutes les chandelles
du premier coup

Prenez une grande inspiration et soufflez un bon coup.

COOL !

Entamer le pot
de beurre d'arachides

Quand j'ouvre le pot et que j'enlève la pellicule de protection, je m'imagine dans la peau d'un scientifique
qui, l'œil collé à la lentille du télescope le plus puissant
du monde, découvre une planète encore jamais vue.
«Sa surface est lisse», dis-je à mes collègues étourdis
qui retiennent leur souffle. «J'ai devant les yeux un
beau paysage sans atmosphère, vierge, tranquille et
brun.»

Bizarre, non? Mais c'est vraiment comme ça que je
vois un nouveau pot de beurre d'arachides. Je me sens
presque mal de l'entamer, de briser l'harmonie de la
surface parfaite. Tout de même, je mets le pain dans le
grille-pain, je sors la cuillère du tiroir, et je l'enfonce
profondément dans le pot, pour en tirer une belle
grosse boule qui fait un «cloc» mouillé et bien senti
en sortant.

Quelle satisfaction! Je deviens un artiste. Je peux laisser un grand trou béant au centre de la toile, dessiner

des motifs tout le tour ou creuser un fossé entourant une île de saveur, qui deviendra plus instable de jour en jour.

Il y a une multitude d'options !

Pour moi, enfoncer la première cuillère dans le pot de beurre d'arachides, c'est comme planter un drapeau sur la lune et se l'approprier. Il s'agit de marquer son territoire, rien de moins. J'y appose ma signature et je remets le pot dans l'armoire, prêt pour la prochaine fois, qui ne devrait pas tarder...

COOL !
___

Lâcher un pet sonore en public

Qu'y a-t-il de plus comique que d'entendre quelqu'un lâcher un pet en public?

Ça se produit parfois dans la file à la banque, dans le hall d'un hôtel, dans le wagon du métro ou dans un restaurant, un cinéma ou un bar. Mais le pet dans l'ascenseur est sûrement le meilleur. C'est le roi du pet devant témoins, et ce, pour **2 raisons.**

1. *L'acoustique.* D'habitude, dans l'ascenseur, tout le monde se tait, fixe la porte sans sourciller et attend son étage. Tout chuchotement ou rire crée un puissant écho à l'intérieur de la cabine, que tout le monde entend clairement. C'est pourquoi le pet retentissant lâché par l'homme d'affaires chauve fait autant de bruit qu'une salve d'honneur.

2. *Le moment.* Dans l'ascenseur d'un gratte-ciel, vous passez une minute ou deux en compagnie des autres passagers. C'est vous et eux, enfermés ensemble. Un passant qui pète en déambulant sur le trottoir est une chose, mais un inconnu qui fait prout dans un espace clos, c'est quelque chose!

Personne ne peut se soustraire à l'expérience, à partir du *big bang* jusqu'à sentir l'odeur à plein nez.

La réaction des gens rend l'expérience d'autant plus divertissante. En règle générale, il y en a **4 types.**

1. *Le rire étouffé.* Les lèvres pincées, les yeux exorbités, le témoin se retient de rire. Mais la seule vue de son ami qui essaie aussi de se contenir suffit généralement à déclencher un fou rire.

2. *La classe affaires.* Chez les gens en veston cravate ou en tailleur, la réaction habituelle consiste à faire comme si de rien n'était. «Non, non, y a pas de drôle d'odeur dans l'air.» Le seul indice pourrait être un très subtil mouvement de recul pour ceux qui sont à côté du coupable, et quelques regards furtifs à la montre.

3. *La respiration coupée.* Certains essaient de retenir leur souffle le plus longtemps possible. Ils entendent le bruit du pet et prient leurs poumons de ne pas les lâcher maintenant. Ils sont faciles à reconnaître : leurs joues gonflées finissent par exploser, et ils se mettent à haleter désespérément dès l'ouverture des portes.

4. *Les enfants innocents.* Les jeunes enfants sont les plus rigolos. J'en ai déjà entendu un dire : « Maman, ce monsieur vient juste de péter », le doigt pointé vers le derrière de l'homme bien mis qui se tenait devant lui. Mais quiconque se laisse aller à péter au nez d'un enfant mérite d'être traité ainsi.

Entendre un étranger émettre des gaz intestinaux en public est un petit moment réjouissant qui rompt la monotonie. Si c'est vous le péteur, lâchez-en un tonitruant! Ça arrive à tout le monde, il ne faut pas s'en faire. Si vous êtes le témoin, réjouissez-vous de ce faux pas hilarant et des réactions de l'entourage.

Remercions les étrangers qui lâchent des pets en public, car ils nous dérident alors qu'on s'y attend le moins.

COOL!
———

Préparer la *toast* parfaite

Si le pain est trop grillé, le centre est sec et l'extérieur se désagrège en miettes calcinées. Si le pain est trop pâle, c'est le centre qui est collant et la croûte, molle. Il n'y a qu'une solution : essayer le grille-pain et tripoter le bouton jusqu'à ce qu'on ait trouvé la position « ma-toast-est-juste-parfaite ».

COOL !

Voir un collègue décoincer le papier dans le photocopieur

Quelle horreur, le papier est encore coincé dans le photocopieur !

Ça sent la poudre d'encre chauffée et, derrière les portes en plastique, le papier tout chiffonné s'accumule, solidement coincé dans les ressorts brûlants, les pinces et autres mécanismes.

Vous êtes là, au beau milieu de la scène du crime, dans votre pantalon plissé et votre chemise à col boutonné. En vous voyant, je devine que vous n'avez aucune, mais aucune envie de vous mettre à genoux pour aller fouiller dans cet engin de bacs à papier et de boutons intimidants.

Mais soudain, vous entendez venir quelqu'un et, alléluia, c'est nul autre que l'As du bureau qui tourne le coin. Le sauveur du photocopieur, le jeune des TI qui décoince le papier en un rien de temps, et avec bonne humeur. *Yes sir!*

Un sourire vous illumine le visage et vous embrassez le rapport que vous devez photocopier, tandis que votre sauveur joue avec les boutons, claque les fermoirs et les bacs, et que la machine se met à ronronner comme une neuve.

Le problème est réglé. Maintenant, à vous de jouer.

COOL !

Oublier l'étiquetage nutritionnel

Il vous arrive parfois de jeter un coup d'œil à la liste d'ingrédients. En déballant la tablette de chocolat ou le burger au fromage, ou en reprenant un bol de crème glacée, vous avez parfois le réflexe de lire l'étiquette nutritionnelle.

Devinez un peu ce que vous y trouvez? En plein ça: 64% de l'apport quotidien en gras saturés, 76% en cholestérol et quelques grosses pelletées de glucides.

C'est assez pour vous faire hésiter. Mais j'ose espérer qu'après ce bref moment de doute, vous continuez à vous resservir de la crème glacée. Même si vous devez tourner le contenant de l'autre côté, ne plus rien manger de salé ce jour-là ou vous dire, dans un haussement d'épaules, que vous ne faites rien de mal, j'espère que vous continuez, que vous savourez lentement, jusqu'à la dernière bouchée.

De temps en temps, il faut lire l'étiquette et quand même ouvrir le couvercle. De temps en temps… il faut goûter les plaisirs de la vie.

COOL!

Louer un bon film qu'on a déjà vu et en avoir oublié la fin

Vous savez ce que c'est.

Les personnages sont campés, l'histoire commence, l'intrigue se développe et vous ne replacez pas tout à fait les détails. Et là, bang, ça vous frappe d'un coup : vous avez oublié la fin du film ! Vous n'êtes même pas sûre de l'identité du tueur et des victimes, et encore moins du sort réservé au chat. C'est l'amnésie totale, et vous aimez ça.

Baissez les lumières, blottissez-vous sous la couverture, faites taire votre bavard de mari, et restez rivée à l'écran. C'est la superproduction garantie.

COOL !

Percevoir l'odeur du café...
à l'épicerie

C'est pareil dans tous les supermarchés. Un éclairage fluorescent hostile, des planchers mouillés et des odeurs de poisson cru... Après avoir fait le tour des présentoirs de bananes vertes, des essuie-tout empilés jusqu'au plafond et des bagels de la veille, vous êtes heureux de vous retrouver dans l'allée du café, humant la bonne odeur à pleins poumons.

COOL !

Admirer les restes de bières assorties après le party

Voici les règles établies par mon ami Mike pour l'organisation des partys.

- Pour les moins de 25 ans. Les invités apportent leur boisson. On peut leur dire si on veut, mais ils devraient le savoir. Apportez votre bière et vos gros sacs de crottes au fromage.

- Pour les 25 à 30 ans. L'hôte devrait avoir du vin, de la bière dans le frigo et quelques grignotines. Étant désormais un vieux schnoque, vous devez assumer votre part de responsabilité des soirées que vous donnez. Entre une visite à la banque pour renouveler votre prêt hypothécaire et une chez le médecin pour vos calculs rénaux, essayez de passer à la SAQ.

- Pour les 30 à 40 ans. Les règles précédentes s'appliquent, plus le bar ouvert. Si vous suivez les règles de mon ami Mike, la trentaine va vous soulager de quelques dollars.

- Pour les plus de 40 ans. Bar ouvert plus service de traiteur. C'est la totale, mes amis.

Ces règles, ce sont celles de Mike.

Les miennes sont différentes. Si vous venez me voir, apportez une chaise. Voyez-vous, chez nous, on n'offre presque rien. Rien à boire, nulle part où s'asseoir, pas de papier de toilette et, surtout, pas de serveur costumé qui vous demande si vous avez envie d'une endive farcie au foie d'oie et nappée d'huile de truffe.

Chez nous, on colle un avis sur la porte : « Viens nous rejoindre dans la cour avec ta caisse de 12. » Si vous êtes chanceux, on aura peut-être un fond de nachos rassis et quelques poudings dans l'armoire. Sinon, on aura besoin de votre carte de crédit pour commander la pizza.

Étant très, très radin, je m'amuse à contempler l'assortiment de boissons qui restent dans le frigo le lendemain du party. Me prenant pour Sherlock Holmes, j'essaie de trouver l'identité des fêtards : un travailleur de nuit qui ne veut pas s'endormir (les boissons énergisantes avec vodka), un étudiant de deuxième cycle encore cassé (les canettes de Molson), un couple de yuppies ou des Européens (les grosses bouteilles brunes avec des bouchons mécaniques et beaucoup de consonnes sur l'étiquette), des granolas (les bières artisanales, comme la St-Ambroise et la Blanche de

Chambly), un membre du Parti conservateur (des portos).

C'est fou ce que ça m'amuse, ce mélange de bières et de spiritueux qui reposent au frigo. Surtout parce que ça me permettra d'être un meilleur hôte... la prochaine fois.

COOL !

Regarder l'eau calme

COOL !

Voir des vieillards assis
sur leur véranda

Comment vous voyez-vous à la retraite ?

Étendu sur une plage ensoleillée couverte de parasols, déambulant au zoo avec vos petits-enfants, occupé à jouer dans votre jardin ou déterminé à faire une seconde carrière dans la sculpture sur bois ?

Quoi qu'il en soit, permettez-moi de vous recommander de prévoir du temps pour vous asseoir sur la véranda, avec une limonade ou un thé glacé maison, en ayant comme seul objectif de relever la tête pour sourire et envoyer la main aux passants.

Car le summum du bon voisinage, à part de tailler le petit coin de pelouse de votre voisin, de lui prêter votre souffleuse ou de ramasser son courrier quand il est en voyage, c'est un vieux monsieur et une vieille dame assis sur des berceuses, qui vous font de grands tatas en vous souriant à pleines gencives quand vous passez devant chez eux.

COOL !

Manger du McDo en cachette

Chez mon ami Scott, la soirée s'annonçait piquante.

Quelques jours plus tôt, il a trouvé un vieux contenant de sauce pour McCroquettes, coincé entre le siège et la porte de la Honda Civic qu'il partage avec sa conjointe. Il avait échappé ses clés et, glissant la main pour les récupérer, il a ramené un contenant de sauce barbecue tout collant.

C'est comme ça qu'il a pris sa femme, Molly, la main (graisseuse) dans le sac. Voyez-vous, au jour de l'An, le couple avait pris la résolution de manger sainement. Mais Scott a trouvé une décevante preuve de mensonge.

Heureusement pour moi, il a décidé de soulever la question un lundi soir où nous regardions la télé tous les trois.

Scott : « Oh, en passant, ce matin, j'ai échappé mes clés dans la voiture, entre le siège et la porte. Tu sais, là où on se coince la main. »

Molly *(curieuse de voir où il veut en venir)* : « Ah bon… »

Scott: « Ouais, mais quand j'ai voulu les récupérer, j'ai trouvé autre chose. »

Molly *(légèrement désorientée)* : « Ah bon ? »

Scott *(qui sourit dans un haussement de sourcils)* : « … »

Molly *(qui fronce les sourcils et tourne la tête, encore désorientée)* : « … »

Scott : « Un contenant de sauce barbecue de chez McDo ! »

Molly *(démasquée)* : « Oh nooooooon ! »

Puis une courte pause silencieuse… suivie de trois éclats de rire.

Sérieusement, ne me dites pas que ça ne vous est jamais arrivé. Se débarrasser des preuves après une petite visite secrète au service au volant du McDo ! En évitant de laisser une frite dans le fond du sac, il faut s'essuyer la bouche pour effacer toute trace de sel, nettoyer une éventuelle tache de ketchup et ranger proprement les serviettes qui restent dans le fond du coffre à gants. C'est un plaisir délicieusement coupable, et votre secret est bien gardé.

N'oubliez pas de baisser la vitre et de payer comptant. Et ne commandez jamais les croquettes de poulet.

COOL !
___

Savourer des bouchées gratuites

—— • • ——

Un petit verre de punch fraise-kiwi? De jolis craquelins à l'aneth poivré? Des morceaux de cantaloup entourés d'une fine tranche de prosciutto? Bien sûr!

Ces bouchées gratuites que vous n'achèterez probablement jamais sont un excellent moyen de suivre les tendances de l'alimentation. Vous goûtez le nouveau drink, mâchez la nouvelle gomme, avalez quelques bouchées du nouveau plat de pâtes...

Peut-être faites-vous comme moi: vous dites à la gentille-dame-qui-est-allée-un-peu-fort-sur-le-rouge-à-lèvres que vous en achèterez, question de ne pas la décevoir. Donc, vous ramassez une boîte de craquelins secs, de salami salé ou de lasagne extrême en disant: «Hum, 4,29 $. Pas mal. Pas mal du tout. Et j'obtiens en prime un coupon-rabais de 50 cents! Hum!» Vous lui souriez, mettez l'article dans le panier et la saluez: «Pourquoi pas? Merci beaucoup!»

Vous vous éloignez et, une fois hors de vue, vous déposez l'article dans une autre allée.

COOL!

Profiter du parapluie d'un autre

Bon, où est le petit futé qui a pensé à apporter un parapluie? Une chose est sûre, ce n'est pas moi.

Quand les nuages se déchirent et se déversent sur le bon peuple, je suis celui qui porte un jean épais et un chandail spongieux ultra absorbant. Je me transforme en éponge. Complètement détrempé, je dégoutte et j'ai les os glacés.

Voilà pourquoi c'est tellement génial d'entendre ouvrir le parapluie géant d'un ami qui vous invite sous son abri temporaire. Eh oui! vous voilà tout sourire, vos vêtements sont secs et vous déambulez sous un morceau de nylon!

COOL!

Laver son linge sale sur le pouce

En zappant, je suis tombé l'autre jour sur *La Guerre des clans,* juste au moment où l'animateur demandait au concurrent de nommer une tâche ménagère qui ne lui déplaisait pas.

Après une demi-seconde d'un profond désarroi, le concurrent a fini par lâcher une réponse, à contrecœur, et le second a réagi de la même façon. Le premier a choisi l'aspirateur et l'autre, la vaisselle. Aucun des deux n'a donné la meilleure réponse, et ils sont rentrés chez eux les poches vides.

Et vous, savez-vous la réponse? Je vous le donne en mille : la lessive. Oui, oui, faire son lavage. Mais, honnêtement, je ne l'aurais pas trouvée. Soyons francs : en connaissez-vous vraiment, des gens qui aiment faire la lessive? D'après moi, c'est impossible, et ce, pour **2 raisons.**

1. *Le temps.* La lessive demande un énorme investissement de temps. On ne peut pas mettre une brassée dans la laveuse et l'oublier, comme si c'était le

lave-vaisselle. Non, pour laver des vêtements, il faut un après-midi complet, interrompu de visites régulières à la salle de lavage, sinon une soirée à lire des tabloïdes à la buanderie. Et ça demande aussi de la vigilance : si la laveuse s'emballe, il faut se dépêcher pour mieux répartir les vêtements, ensuite transférer le tout dans la sécheuse, puis plier les chemises avant qu'elles se froissent.

2. *L'effort.* Le processus de triage des vêtements me laisse perplexe. J'ai de la difficulté à comprendre les petits dessins sophistiqués, formés de triangles, de cercles et de carrés, inventés par quelqu'un qui voulait abîmer ma garde-robe.

Voilà pourquoi vous êtes si content quand vous regardez *La Guerre des clans,* confortablement étendu sur le sofa, et que votre conjointe, votre coloc ou votre sœurette passe dans la pièce, avec un panier de linge sale dans les bras. Si les astres sont bien alignés, la personne en question vous demandera si vous avez des choses à laver en même temps. Et si c'est le cas, grouillez-vous !

Vous avez une minute ou deux avant que la laveuse commence à se remplir. Donc, abandonnez *subito* ce que vous êtes en train de faire, courez vers votre pile de vêtements sales et ne prenez que le minimum dont vous avez besoin pour quelques jours. Faites-le rapidement, amenez le tout dans la salle de lavage et dites un grand merci en jetant vos vêtements dans la pile.

Après ça, retournez à votre sofa pour la dernière ronde de l'émission, heureux de savoir que vous aurez des bobettes fraîchement lavées à enfiler demain matin.

COOL !

S'asseoir les pieds pendants
au bout du quai

Les pieds ont besoin de respirer.

Vous savez, tout votre corps repose sur deux pieds pleins de corne, constamment écrasés, malmenés, suants. Ils sont au bas de l'échelle et ne reçoivent aucun amour ni respect.

Alors, montrez-vous généreux de temps en temps. Enlevez-moi ces chaussettes, roulez-moi ce pantalon et exposez-vous les chevilles : il est grand temps de vous rafraîchir les pieds douloureux.

Est-ce le doux clapotis au bout du quai, les vaguelettes qui viennent lécher la coque du bateau ou les fontaines jaillissantes des lieux publics ? Peu importe, le résultat est le même : l'effet calmant et réconfortant est aussi bon pour l'âme que pour les pieds.

COOL !

Profiter de l'air climatisé

Après une journée de promenade sous le soleil torride, j'ai l'air de quelqu'un d'autre.

Croyez-moi, je n'en suis pas fier mais, par un temps suffocant, avec la sueur au front, l'air urbain vicié et la crème solaire séchée, mon corps s'enduit d'un masque dont je ne peux me débarrasser. Ma peau se couvre de perles dégoulinantes, et je me retrouve déambulant dans la ville avec des taches de transpiration aux aisselles, le t-shirt collé au dos par la sueur.

C'est vraiment pénible ! Mais il y a de l'espoir.

Des murs invisibles d'air frais vous attendent de l'autre côté de la porte du prochain café, bureau de poste ou dépanneur. Ces lieux convoités vous réservent un accueil glacial à souhait, qui vous rentre en plein dedans.

Il suffit d'un court séjour dans cette atmosphère frigorifiée pour avoir l'impression de découvrir un nouveau visage sous votre masque gluant de sueur. Une éponge glacée vous rafraîchit le cou mouillé et luisant, les cils de vos paupières brûlantes se métamorphosent en minuscules glaçons, et votre ignoble visage retrouve le sourire...

COOL !

Chanter dans la voiture

Il est tard, les rues sont presque désertes, et vous attendez que le feu passe au vert.

Regardant par hasard sur la gauche, vous remarquez une tête qui se dandine furieusement, un visage contorsionné qui hurle silencieusement, le conducteur isolé qui se démène dans sa bulle.

La scène fait sourire. Impossible de résister à cette démonstration passionnée d'un pur plaisir privé, à quelques mètres de vous. Vous voilà devenu le producteur qui, depuis sa cabine, assiste à la naissance d'un artiste. Eh oui! après des années de misère, il a finalement abandonné le trottoir, et vous pressentez que votre protégé va enfin percer!

Alors, vous vous laissez aller à la musique pendant quelques mesures, syntonisez le même poste ou établissez avec votre voisin un bref contact visuel. Vous vous souriez chaleureusement. Peut-être que cette rencontre fugace avec un étranger vous ouvre le cœur et vous procure une dose supplémentaire de joie. Votre sourire s'élargit un peu plus.

Je salue tous les rockers autoroutiers du monde. Merci d'égayer nos journées et de nous faire rire aux feux rouges. Laissez-vous emporter par la musique et chantez à tue-tête. Grâce à vous, le monde résonne avec un peu plus d'éclat.

COOL !
___

Marcher sur des traces de pas dans la neige

Chaussures au pied, vous marchez péniblement dans la neige. Mais, heureusement, une personne portant des bottes est déjà passée par là. Elle a ouvert la voie et, grâce à ses pas, vous marchez plus aisément en mettant les vôtres dans les siens.

COOL !

Libérer enfin ses pieds

Faites plaisir à vos pieds.

Disons que vous êtes en voiture, assise derrière, avec les cheveux qui s'emmêlent dans le vent, la main paresseusement passée par la vitre, battant le rythme au son d'une chanson de Jean Leloup.

Mais vos pieds, oh les pauvres, ne sont pas contents du tout. Eux, la *dolce vita* et la musique d'accompagnement, ils ne connaissent pas ça. Pfft… ils sont gras, salés et mouillés, étroitement enveloppés dans des chaussettes et des chaussures suffocantes. Enfouis dans d'épaisses couches de coton, de laine et de cuir, vos pieds endoloris réclament un peu d'espace et d'air frais.

Alors, laissez-les donc respirer, ma belle.

Quand la voiture emprunte des routes secondaires, que l'autobus s'engage sur l'autoroute ou que l'avion décolle, il est temps de tirer sur les lacets et de sortir les petits petons de leur prison.

Pour les chaussettes, c'est facultatif. Mais il est indispensable de se frotter les pieds contre la barre métallique fixée au siège devant soi dans l'autobus et l'avion, et de se masser les plantes.

N'est-ce pas que ça fait du bien?

Donc, la prochaine fois que vous serez à la course, rappelez-vous que ces pauses sont rares, et le seront de plus en plus. Car la vie semble s'accélérer de jour en jour, les choses foirent et les plans tournent à la catastrophe. Alors, balancez-moi vos chaussures et donnez-vous un moment de répit.

COOL!
———

Se débarrasser
d'un corps étranger dans l'œil

Les globes oculaires, fort délicats, n'aiment pas se faire toucher.

Au contact d'un doigt, de la mousse de shampoing ou de l'eau d'un lac bourré d'algues, vos yeux crieront de douleur. À moins, bien sûr, que vous utilisiez du shampoing pour bébés qui promet de mettre fin aux larmes. Si c'est le cas, allez-y gaiement et savonnez-vous les globes.

Blague à part, les yeux disposent de leur propre plomberie : ils sont munis de conduits lacrymaux, qu'on pourrait rebaptiser des toilettes oculaires, puisqu'ils ont pour fonction de débarrasser l'œil de ce qui s'y trouve. Vos yeux sont fiers de leur autonomie : ils n'ont pas besoin de votre aide, puisque les toilettes oculaires se chargent de tout. Poussières, saletés, insectes microscopiques, pfuitt pfuitt pfuitt, trois petits tours et parties les cochonneries.

Ces toilettes font de l'excellent boulot, à moins qu'un cil solitaire ne décide de s'y loger. Quand un cil récalcitrant se détache silencieusement de sa paupière, mais qu'il a mal planifié sa fuite, les ennuis commencent. Si, comme moi, vous êtes malheureusement affublé de cils mal fixés, vous en perdez tout le temps, et certains aboutissent immanquablement dans l'œil. Les toilettes oculaires coulent frénétiquement, mais en vain. Le cil s'est installé, et il tient bon.

Peu m'importe le nombre de bagarres que vous avez livrées et le nombre de balles qui vous ont percé la peau, vous savez aussi bien que moi qu'un cil dans l'œil est épouvantablement douloureux et contrariant. Il faut une détermination de fer pour le chasser. Voici **quelques méthodes utiles.**

- *Le pince-et-tire.* Il s'agit de se fermer les yeux et de pincer tous les cils, puis de les tirer vers l'extérieur, en espérant attraper un petit bout du cil rebelle et pouvoir le retirer. Je vous recommande d'essayer cette méthode en premier. Si ça ne fonctionne pas, vous aurez d'autres options.

- *Le ventilateur.* Cette méthode exige une aide extérieure. Demandez à un ami de vous souffler dans l'œil, soit par surprise pour ne pas le fermer par mesure défensive, soit par intervention planifiée: étendu sur le dos, vous gardez l'œil ouvert pendant que l'autre souffle directement sur le cil. Dans ce deuxième cas, vous devez faire confiance au souffleur, qui doit être capable de produire un souffle très sec et raide, comme s'il soufflait sur les chandelles de son gâteau d'anniversaire, et non sur ses mains pour les réchauffer en attendant l'autobus.

- *Le clin d'œil.* Un sport solitaire qui consiste à cligner de l'œil très, très fort, en espérant que le cil finira par décamper. La méthode n'est pas mal, mais il arrive parfois que les clignements enfoncent le cil encore plus profondément. Qui ne risque rien n'a rien!

- *Le battement de la paupière.* Mon ami Scott m'a montré ce truc quand nous étions enfants. Il s'agit de pincer la peau de la paupière avec les doigts et de l'agiter rapidement, de haut en bas, jusqu'à ce que le cil cède. Ce n'est pas joli à regarder et ça fait des bruits de succion et tout et tout. Un peu dégueu!

- *L'eau.* Si rien ne fonctionne, envoyez-vous de l'eau dans l'œil. Ou, si possible, essayez une douche oculaire automatique qu'on trouve au fond des ateliers de menuiserie tout poussiéreux. J'ai toujours voulu voir quelqu'un se rincer les yeux avec ce truc – on dirait un design futuriste des années 1950.

Peu importe votre stratégie, une chose est sûre. Vous mettez votre vie sur pause, le temps de chasser ce cil, que ce soit cinq secondes ou cinq douloureuses minutes. Mais une fois la tâche accomplie, vous retrouverez le sourire: le soleil brillera à nouveau, la vie sera moins lourde à porter et vous pourrez poursuivre votre petit bonhomme de chemin.

COOL!
———

Décoder la douche de l'hôtel

À sept heures du matin, le robinet de la douche d'hôtel est un casse-tête.

Tout nu, vous ouvrez le léger rideau de douche pour prendre la mesure de l'adversaire – un tas de cadrans et de becs que des spécialistes en marketing ont baptisés Doudouche ou Aquamachin.

Il y a des robinets qui tournent dans le sens horaire, d'autres dans le sens contraire. Des fois, il faut passer par l'eau froide pour obtenir l'eau chaude, et d'autres fois, il faut tirer le robinet vers soi pour que l'eau coule. Mais on n'est pas au bout de ses peines quand on a enfin réussi à faire couler l'eau à la bonne température : il faut aussi l'arrêter en sortant de la baignoire, sans se trouver dans la trajectoire du jet. La récompense pour avoir résolu ce mystère quelques minutes trop tard, c'est une giclée glacée qui s'abat sur un corps nu et frissonnant.

Bref, comprendre le mécanisme de la douche d'hôtel, c'est un peu comme sauter dans le cockpit pour remplacer un pilote et atterrir sans savoir comment. En vous réveillant, vous avez été plongé dans un univers inconnu, sans préparation aucune.

Quel soulagement quand on s'en tire sans trop de dommages. Vous avez réussi ? Vous êtes un héros, fraîchement lavé.

Plus tard, quand vous aurez quitté la salle de bains embuée, enveloppé dans votre serviette blanche, et que vous refermerez la porte de la chambre derrière vous, soyez aimable. Expliquez aux futurs doucheurs que vous croiserez dans le couloir comment fonctionne la douche.

Vous leur sauverez la peau.

COOL !

Penser à combien coûterait
ce repas au resto

Il faut ajouter quelques ingrédients sur la liste d'épicerie, sortir la grosse casserole pour la soupe ou le poêlon qui n'a pas servi depuis quelque temps, et s'agiter une heure ou deux dans la cuisine pour préparer le repas.

Puis, tout le monde s'assoit. Hop là! Voici qu'apparaît une quiche fumante ou un cari aux parfums exotiques. Les boissons sont servies, les assiettes bien remplies, et les convives attaquent… au moment même où quelqu'un pose LA question.

«D'après vous, ce repas coûterait combien au resto?»

Voilà une excellente entrée en matière culinaire. Non seulement on mange un excellent repas entre amis, mais on a aussi le radin plaisir d'avoir économisé.

COOL !

Arriver à destination quand la chanson se termine

Vous arrivez dans l'allée et coupez le moteur. Au même instant, vous entendez les dernières notes gémissantes d'un solo de guitare ou le dernier coup de cymbales. En calculant bien, vous éteindrez la radio avant le début des annonces, et vous aurez le plaisir de vous fredonner la toune durant toute la journée. Qu'est-ce qui peut battre un aussi bon *timing*?

COOL !

Tomber sur une voisine agréable
à regarder dans l'avion

Le ventre s'arrondit, le crâne se dégarnit et le dos se voûte tranquillement. Nous serons tous vieux un jour.

Pendant que nous grimpons lentement les marches qui nous mènent au paradis, au golf et aux petits-enfants, rien ne nous empêche d'espérer tomber sur une belle voisine dans le prochain vol pour la Floride. Parce que grand-papa a parfois le regard oblique. Et grand-maman ne déteste pas non plus un joli spectacle.

Oh, je sais ce que vous pensez. En vieillissant, on gagne en maturité, en raffinement et en sagesse. On a passé l'âge d'apprécier la compagnie d'un joli brin de fille au doux sourire, pendant quelques heures, à 10 000 mètres du sol, n'est-ce pas?

Parlez pour vous, mon vieux!

COOL!

Avoir une vision 20/20

COOL !

Ne pas avoir joué à la loterie...
avec des chiffres qui n'ont pas sorti

Je joue rarement à la loterie mais, quand ça m'arrive, je suïs sûr de gagner. Je me donne beaucoup de mal pour inscrire les dates d'anniversaire de tous les membres de ma famille en remplissant les petits cercles, avant de remettre la feuille au caissier du dépanneur.

En rentrant chez moi, un *popsicle* au bec, je laisse mon esprit vagabonder et je commence à me poser les difficiles questions qui, je suppose, harcèlent les riches. Une piscine ou un court de tennis? Un jet privé ou un yacht? Un grand majordome snob à la fine moustache ou un petit rondelet maladroit qui a le cœur sur la main?

Ensuite, je me demande si je partagerais ma nouvelle fortune avec ceux qui m'ont aidé quand j'en arrachais. Disons, un pourboire de un million de dollars pour la serveuse du café qui m'appelle chéri, et un nouveau manoir pour le boucher qui tranche mon salami comme je l'aime. Je joue avec l'idée de cacher mon argent dans un coffre-fort et d'aller le sentir une fois de temps en temps. Ou bien de faire le tour du monde à dos de chameau, ou simplement d'acheter Internet.

Mon esprit se laisse aller à des rêves fous, parce que je suis un rêveur. Je serre très fort le billet dans ma poche, puis je le colle sur le frigo pour ne pas oublier le grand jour.

Cette petite fantaisie de millionnaire dure jusqu'à l'annonce des numéros gagnants. Et, comme d'habitude, je n'ai rien gagné. Pas un seul chiffre. Trois piastres à l'eau.

C'est probablement pour ça que je suis tellement content quand je vérifie les numéros gagnants les fois où je n'ai pas pris de billet. Comme de raison, je n'aurais rien gagné. Rira bien qui rira le dernier, hein !

C'est-à-dire moi, le génie qui a économisé trois piastres.

COOL !
_____

Humer l'odeur des oignons
et de l'ail dans le poêlon

L'oignon a une histoire longue et glorieuse, le saviez-vous?

- Dans l'Égypte ancienne, on le vénérait. Imaginez…
  À l'époque, on pensait que la forme sphérique et les cercles concentriques du légume symbolisaient la vie éternelle. Les Égyptiens mettaient des oignons dans la tombe de leurs morts, se disant que la forte odeur les réveillerait peut-être.

- Dans la Grèce antique, les athlètes mâchouillaient des oignons pour alléger le poids de leur sang. C'était bien avant les régimes faibles en glucides.

- Les gladiateurs romains, eux, se frottaient avec des oignons pour se raffermir les muscles, et peut-être pour échapper aux prises de l'ours et du sommeil.

- Au Moyen-Âge, l'oignon était plus précieux qu'une nouvelle épée ou qu'un bon ouvrier. Les gens payaient leur loyer avec des oignons et les offraient en cadeau. Les médecins les prescrivaient pour les problèmes intestinaux, la toux et les maux de tête. Imaginez ça, sérieusement : une grosse poche d'oignons posée entre les gouttes pour les yeux et la crème hydratante. Voilà comment les choses se présentaient, je suppose.

Quoi qu'il en soit, étant donné le glorieux passé du bulbe omnipotent, on peut dire qu'il a perdu pas mal de prestige. On devrait peut-être recommencer à le vénérer. Après tout, un oignon, ça coûte trois fois rien, c'est bon pour la santé et c'est facile à conserver. Sans oublier que l'oignon dégage une délicieuse odeur quand on le saute au poêlon dans une belle motte de beurre, accompagné d'ail émincé.

Pensez-y : quand vous entrez chez quelqu'un qui fait sauter des oignons et de l'ail, comment vous sentez-vous ? C'est évident, on est aussitôt conquis par l'odeur, par la promesse d'un bon repas et par le plaisir de deviner ce qui mijote. Et les choix sont nombreux : pierogis, saucisses, sauté, cari ? Vous salivez déjà.

La prochaine fois que cet arôme vous chatouillera les narines, prenez quelques secondes pour penser au fier héritage de ce modeste bulbe. Dites-vous qu'il a franchi les millénaires pour atterrir dans votre assiette, et qu'il est bien content de s'y trouver.

COOL !
———

Réussir du premier coup
son stationnement parallèle

Vous est-il déjà arrivé de devoir vous garer sur le côté d'une route à deux voies ? Moi, quand ça m'arrive, ça m'horrifie.

La plupart du temps, dans ces circonstances, je préfère sacrifier une bonne place de stationnement que de me donner en spectacle, d'abord aux chauffeurs qui attendent derrière moi, puis aux passants qui s'arrêtent pour observer cet étrange clip-réalité, *Le stationnement parallèle*.

Mon estomac se noue et je doute de mes capacités. Je sais que les conducteurs derrière moi ne se contentent pas de me regarder. Ils me jugent aussi. Après tout, la qualité de ma manœuvre a un effet direct sur la durée de leur parcours. Si je suis terrible, ils vont attendre, et ils le savent. Quand je croise leurs regards dans le rétroviseur, je vois qu'ils me zieutent avec froideur et défi.

Je me décide enfin, et j'opte pour l'une ou l'autre des méthodes suivantes.

1. *L'école de conduite.* Suivant cette méthode, on n'accorde pas beaucoup d'attention ni à la voiture ni à la place de stationnement. On fait comme c'est écrit dans les livres: se placer parallèlement à la voiture devant, se mettre en marche arrière et tourner le volant jusqu'à ce que la voiture forme un angle de 45 degrés, puis continuer à reculer en tournant rapidement le volant dans l'autre sens. Si tout va bien, la voiture devrait être parfaitement garée. Mais cette méthode, c'est comme construire une bibliothèque Ikea en suivant les instructions, sans évaluer le travail en cours de route. Une fois l'étagère assemblée, on risque de se retrouver avec un bidule instable, qui tient par la peau des clous, avec quelques morceaux de trop, en se demandant qu'est-ce qui n'a pas marché.

2. *L'as de l'espace.* Cette méthode tient du mystère. Il s'agit d'évaluer l'espace, de s'y enfiler par le devant, puis de tripoter et de tourner le volant jusqu'à ce que la voiture aboutisse quelque part entre les deux autres. Pas de doute, la personne qui y parvient est très talentueuse, capable d'insérer une grosse pièce de métal dans un petit trou carré. Elle s'exécute comme si de rien n'était, c'est de la magie sur roues. Ça m'impressionne franchement, mais c'est au-dessus de mes forces.

Pour moi, c'est l'école de conduite de A à Z. Je n'ai pas le choix. La plupart du temps, bien sûr, je gaffe. Par exemple, je monte sur le trottoir ou j'en suis à un mètre. Quand je suis trop loin, j'essaie frénétiquement de corriger le tir en faisant des manœuvres impossibles à réussir. Tôt ou tard, j'abandonne et je me sors de là, m'éloignant le plus vite possible de cette situation très embarrassante.

Voilà pourquoi c'est capotant de réussir son stationnement du premier coup. Je me blottis dans l'espace comme une pile dans la télécommande et, la bouche fendue jusqu'aux oreilles, je resplendis de fierté. J'ai même le pas plus léger. Les conducteurs derrière poursuivent leur chemin, heureux de la rapidité avec laquelle je me suis garé, mais un peu contrariés de ne pas avoir eu la place. Et si je suis vraiment chanceux, un vieux monsieur sortira de chez le barbier, m'enverra la main et me dira : « Ça, le jeune, c'était pas mal fort. »

COOL !
———

Utiliser les petites languettes sur les côtés de la boîte de papier alu

Levez la main si vous avez accidentellement sorti tout le rouleau de papier aluminium de sa boîte, alors que vous n'en vouliez qu'un petit morceau.

Si vous avez levé la main, vous êtes en bonne compagnie. Voyez-vous, je suis un peu maladroit dans la cuisine. Les éléments de ma cuisinière sont couverts de taches de sauce, le fond de l'évier est rempli des restes du souper de la veille, et mon armoire d'antiques plats Tupperware a l'air d'une usine de plastique après une explosion.

Ajoutez à cela le talent que j'ai pour arracher tout le contenu de la boîte d'aluminium. J'essaie de donner juste un petit coup, mais hop, voilà le rouleau entier qui tombe par terre, avec un petit rire métallique.

La scène est pathétique, vous en conviendrez. Vous avez là un gars bien ordinaire, vêtu de vieux survêtements, tout dépeigné, qui tient d'une main le bout d'un rouleau d'aluminium et de l'autre une boîte vide. Sur le plancher, par contre, il y a maintenant une épaisse couche de métal froissé et brillant.

La seule chose pire que ça, c'est l'énorme rouleau reroulé, tout fripé, que j'essaie de faire rentrer de force dans sa boîte.

Devant un rouleau d'aluminium, nous sommes tous égaux.

Mais savez-vous quoi? Grâce à l'incroyable découverte que j'ai récemment faite, les gens-comme-moi peuvent se réjouir: sur le côté de la boîte, il y a de petites languettes qui servent à maintenir le rouleau en place! Croyez-moi, maniaques de la conservation des aliments au frigo, les languettes existent bel et bien.

Eh oui! Il suffit de les enfoncer avec le doigt, et elles se placent à l'intérieur du rouleau, l'empêchant de sortir de la boîte. C'est une découverte à vous jeter par terre – comme quand vous trouvez un billet de vingt dollars dans votre manteau d'hiver, une poche secrète dans un vieux blazer ou un fils que vous croyiez mort depuis des années dans un naufrage.

Le moment de la découverte des petites languettes m'a transporté de joie. J'espère que cette expérience, passée ou à venir, en fera autant pour vous.

Célébrez avec moi le miracle moderne qui s'accomplit dans les armoires de cuisine du pays: les petites languettes sur le côté de la boîte de papier aluminium.

COOL!

Porter votre vieux t-shirt

Le col a perdu toute élasticité, le décalque n'est qu'un souvenir effacé et les mites ont creusé des trous dans le dos. Pourtant, comment vous sentez-vous quand vous enfilez cette seconde peau translucide, qui vous épouse la silhouette à merveille ?

COOL !

Sentir l'herbe fraîchement coupée

Ça sent comme le crépuscule à la campagne, un match de football sur le point de commencer ou un samedi matin ensoleillé en banlieue. Roulez-vous sur une route de campagne poussiéreuse? Êtes-vous en train de vous étirer avant le coup d'envoi? Ou de ranger la tondeuse dans le cabanon? Arrêtez-vous une seconde. Inclinez la tête loin derrière, et prenez une grande bouffée d'air.

COOL !

Recevoir une longue accolade

Un jour ou l'autre, tout le monde se fait bousculer par la vie.

Quand on reçoit des mauvaises nouvelles, quand des souvenirs douloureux refont surface, ou quand des périodes difficiles vous chavirent, n'est-il pas réconfortant de se blottir dans des bras chauds et accueillants.

Secouée par les larmes, vous reniflez et laissez un peu de morve sur l'épaule qui vous réconforte ; l'étreinte vous fait du bien, elle vous donne du courage, même si elle ne dure qu'un instant.

On vous chuchote peut-être à l'oreille que ça va aller, on vous frotte doucement le dos ou vous restez là sans bouger, dans le silence, sachant que l'autre ne vous lâchera pas le premier. La douleur se calme au contact de bras bienveillants, et l'accolade vous apaise malgré vos frissons.

Et quand vous vous retirez doucement, vous souriez en prononçant le traditionnel « merci, je suis désolée ! » et en repoussant la frange mouillée de votre front. Vous n'êtes peut-être pas complètement remise, mais si vous êtes chanceuse, vous vous sentirez tout de même un peu mieux.

COOL !
———

Passer la soie dentaire après avoir mangé un steak dur comme une semelle

Le premier steak que vous avez fait cuire était-il coriace ? J'espère qu'il était meilleur que l'espèce de semelle de botte que j'ai déposée dans mon assiette après avoir fait cuire ma viande une quarantaine de minutes sur le barbecue. Il n'y avait plus rien de rouge au centre, et plus aucun goût non plus, au centre ni ailleurs.

Mais le pire, c'est les morceaux de bœuf raides et filandreux qui restent coincés entre les dents. Vous avez beau essayer de les déloger avec la langue, encore et encore, rien à faire. Il faut se rendre à l'évidence. Aux grands maux les grands moyens: la soie dentaire devrait en venir à bout, merci beaucoup.

Vous tirez un bout de soie et vous vous mettez à l'ouvrage. Des particules de bœuf tout mâchouillé, qui étaient retenues captives entre deux molaires, se libèrent enfin. Quel soulagement !

COOL !

Suivre des yeux le trajet de votre plat, de la cuisine à la table

Les conversations s'interrompent, les gens se taisent et tous les yeux se tournent avec délice vers vos plats qui grésillent, portés par les mains expertes du serveur, lentement, de la cuisine jusqu'à votre table.

COOL !

Apprécier le sel

Sans sel, nous ne serions pas ici.

Il faut reconnaître que le sel, grâce à son rôle dans la préservation des aliments, est l'un des fondements de la civilisation. Après avoir découvert les vertus du sel, nos ancêtres se sont dit qu'ils pourraient apporter leur nourriture avec eux. Ils ont donc inventé la boîte à lunch pour aller voir ce qu'il y avait de l'autre côté de la montagne. La randonnée était née! Plus encore, pour savoir où construire une route, bâtir une ville, il y avait un élément déterminant: le sel.

Sous l'empire romain, des caravanes de 40 000 chameaux se tapaient des balades de 600 ou 700 kilomètres dans le Sahara pour troquer du sel contre des esclaves au marché. Le sel était si précieux qu'on l'utilisait comme monnaie. D'ailleurs, le mot *salaire* vient du latin *salarium,* soit l'argent donné aux soldats pour qu'ils s'achètent du sel.

Dans les années 1500, un vaste empire polonais a vu le jour grâce aux mines de sel, mais s'est éteint le jour où les Allemands ont réussi à faire du sel de mer. Le sel a déclenché des guerres et y a mis fin, les armées salant la terre de l'ennemi avant de partir pour s'assurer de bien abîmer leurs potagers.

Ces jours-ci, le sel est bon marché, et on s'en procure partout. Bien sûr, on l'a relégué aux tablettes poussiéreuses au fond du magasin, et les mordus de la forme physique nous ont cassé les oreilles avec les terribles effets du sel sur la santé. Mais laissez-moi vous dire une chose : rien ne pourra dérober le sel de son pouvoir, et ce, pour **plusieurs raisons.** Il est :

1. *Rempli d'iode.* Les autorités sanitaires recommandent un apport quotidien de 150 microgrammes d'iode pour rester en santé et continuer à s'amuser. À moins de manger beaucoup d'algues ou de poisson frais, la meilleure façon de se procurer de l'iode, c'est dans le sel iodé. Malheureusement, l'Organisation mondiale de la santé notait en 2007 que plus de deux milliards de personnes affichent une carence en iode, ce qui se traduit par un goitre inflammatoire et un retard physique et mental. Pas génial.

2. *Complice d'un arc-en-ciel de goût.* Avez-vous déjà jeté une pincée de sel dans un plat sans saveur ? Ça fait de l'effet, n'est-ce pas ? Pour notre plus grand bonheur, le sel rehausse les saveurs et, grâce à sa capacité de conservation, vous pouvez garder vos aliments longtemps après la récolte.

3. *Efficace contre la glace.* Ceux d'entre nous qui vivent du côté enneigé du globe le savent trop bien : sur les routes et les trottoirs, les plaques de glace sont parfois mortelles. Mais le sel, magnanime, est toujours là, prêt à faire fondre ces plaques sans hésitation.

4. *Bon marché.* Aujourd'hui, personne ne s'enrichit avec le sel. Avec une poignée de 25 sous, on peut s'approvisionner en sel pour un an.

5. *Multifonctionnel.* Le sel sert à bien d'autres choses : on s'en gargarise pour soulager les maux de gorge, les usines l'utilisent pour fixer les teintures, garder des trucs au sec, faire des savons et des shampoings. Sans oublier qu'il suffit d'une petite pincée pour éloigner la sangsue qui vous colle au cou.

La vie serait insipide sans sel. Donc, la prochaine fois que vous utilisez la salière, pensez un peu à l'histoire du sel et aux progrès réalisés grâce à ces cristaux blancs.

COOL !

Connaître les boutons par cœur

Si vous appelez souvent votre boîte vocale ou la société de téléphone locale, vous finissez par savoir par cœur sur quels boutons peser. *Subito presto,* vous voilà rendu là où vous vouliez être.

COOL !

Rire si fort qu'aucun bruit ne sort

!!!

COOL !

Faire taire le ronfleur en lui donnant un petit coup

Vous avez le choix : un petit coup dans les côtes, une tape sur la bedaine ou, si vous vous sentez particulièrement brave, un coup de pied derrière les genoux, en chuchotant au ronfleur de se taire. Si tout échoue, il faut le rouler sur l'autre côté. Et si le ronfleur s'éveille, pas de problème : il se rendormira dans la seconde et aura tout oublié le lendemain.

COOL !

Écouter le son des glaçons qui craquent dans un verre

C'est le son de votre boisson qui se refroidit. Le son du verre posé sur le comptoir, celui de l'ouvre-bouteille et du *pshhht* qui se fait entendre une fois la capsule enlevée, le *glou glou* du liquide versé dans le verre, le craquement du bac à glaçons et le *bloup bloup* étouffé des glaçons qui plongent.

Cette ouverture prépare la voie à la grande finale, le son ô combien satisfaisant des glaçons qui craquent et se fendent. Comment ne pas être tout souriant devant un verre qui se givre ? C'est le temps de faire tourner le liquide et de s'envoyer la première gorgée.

COOL !

Résoudre l'énigme de *Roue de fortune* avant les participants

C'est sûr, la plupart du temps, les participants sont meilleurs que vous. Mais, à l'occasion, une bouffée d'inspiration vous monte aux lèvres, et vous criez la réponse avant qu'ils aient acheté une voyelle. Quelle satisfaction d'articuler la bonne réponse : ça fait de vous une personne plus intelligente que les trois participants à la télé, choisis au hasard. Et comme vous êtes étendu sur le sofa en train de vous bourrer de biscuits, les paupières à moitié fermées, c'est encore meilleur.

Ça ne se refuse pas.

COOL !

Passer devant le douanier
sans qu'il nous pose de questions

Passer à la frontière, ce n'est pas un cadeau.

De longues files d'attente, des amendes salées, l'interrogatoire en règle, l'inspection du passeport, tout ça pendant qu'on prie le ciel de ne pas être tombé sur un douanier de mauvaise humeur ou mégalomane. Après tout, on est à sa merci. Il peut ouvrir notre valise, nous poser des questions sur notre itinéraire, et quoi encore...

Je ne sais pas si vous êtes comme moi, mais les douaniers me rendent nerveux. J'ai toujours peur de répondre de travers à une question facile – même si je connais la réponse – et d'avoir l'air de mentir.

« Quel est le but de votre voyage, Monsieur ? »

« Euh... quoi ? Euh, désolé... Oh, oui, je suis, je m'excuse, je m'en vais à Chicago. »

« Veuillez me suivre. »

C'est pourquoi, Monsieur le Douanier, Madame la Douanière, quand vous nous faites ce petit signe de la main qui nous dit de passer notre chemin, on vous aime du fond du cœur.

Merci de nous accueillir ainsi.

COOL !

En mettre plein la vue,
version barbecue

Une épaisse odeur de fumée emplit la cour arrière, et nos papilles se réjouissent déjà.

Le soleil se couche lentement, pendant que les quartiers de bœuf et les saucisses grésillent. Il y a de l'animation dans l'air, vos amis se délassent sur le patio, un verre à la main. Si vous êtes en charge de la cuisson, il n'y a pas grand-chose d'autre à faire pour leur en mettre plein la vue et montrer à quel point c'est du sérieux. Sauf, bien sûr, quelques trucs comme les suivants.

- Exhiber fièrement un ensemble pour barbecue avec neuf accessoires surdimensionnés, exposés côte à côte sur la table de pique-nique.

- Ne jamais quitter le barbecue, et même tenir la poignée quand le couvercle est fermé, pour être sûr que personne n'essaie de retourner les viandes à votre insu.

- Enfiler un tablier géant qui porte votre nom.

- Demander à tout le monde des questions du genre « As-tu dit à point ou bien cuit ? » où « Toi, c'est *toasté*, toi aussi, et toi pas *toasté* hein, c'est bien ça ? »

Comprenez-moi bien, ces trucs trahissent le sérieux de la chose, mais pas autant que si vous poussez un peu trop fort, avec des commentaires du genre :

- « Un hot-dog de prêt, qui veut un hot-dog ? »
- « Voyons, Manu, t'es pas venu ici pour manger de la salade. Combien t'en veux ? Au moins deux ? »

(Marchant sur la terrasse, tenant un hamburger au fromage froid sur sa spatule et la balançant occasionnellement devant le visage de quelqu'un.)

- « Ok, j'en ai un légèrement brûlé. Un p'tit brûlé, quelqu'un ? Allez, un petit effort ! »

Eh oui ! si le barbecue vous inspire et que vous avez la parole facile, félicitations, chef ! Pour que la soirée soit complète, il ne manquait qu'un spécialiste du barbecue pour dire aux autres de manger plus de hamburgers. Merci à vous de porter le chapeau. Bien joué ! Nous avons tout mangé. Et maintenant, nous avons le bedon plein et ballonné.

COOL !
———

Faire semblant de partir en voiture en laissant les autres derrière

Il y a plusieurs versions de cette blague classique.

La **version 1.0** : votre voiture remplie de monde s'est vidée pour un arrêt-pipi à la station-service, vous verrouillez les portières, et vous procédez au lent démarrage de la voiture pendant que les victimes frappent à la vitre, l'air indifférent. (Il ne faut surtout pas montrer au chauffeur la réaction de frustration à laquelle il s'attend...) N'oubliez pas, il s'agit de faire semblant de partir en laissant les autres derrière. C'est une version *soft* de cette blague, et c'est supposé provoquer quelques rires jaunes, sans aucun moment de tension. Juste un plaisir innocent pour agrémenter le long retour à la maison. Assez répandue, la version 1.0 est celle que je recommande.

Vient ensuite une version un peu plus élaborée, mais pas assez avancée pour mériter le nom de version 2.0. Appelons-la donc la **version 1.5,** aussi connue sous le

nom de grosse blague. Pour qu'elle fonctionne, il faut que la portière du côté du passager reste ouverte.

L'exécution va comme suit : le conducteur attend que les victimes s'approchent de la voiture, puis il s'éloigne lentement en laissant la portière grande ouverte. Ça fonctionne bien avec les petites ou les grosses voitures, mais encore mieux avec les fourgonnettes qui ont une porte coulissante. La portière reste ouverte et les victimes se demandent si ça vaut la peine de courir et de sauter à l'intérieur – le chauffeur ne roule pas vite. Mais impossible de prévoir le résultat. La prudence est donc de rigueur.

Il y a aussi la **version 2.0.** Le scénario est le même : voiture bondée qui se vide pour un arrêt-pipi à la station-service, portières verrouillées. C'est l'exécution qui change : départ en bonne et due forme, cercle complet autour de la station-service, et retour après une minute ou deux. Le *modus operandi* a changé : cette fois, les victimes impuissantes ressentent une peur bien réelle. Quand la voiture revient, le chauffeur se fait traiter de tous les noms, mais sans plus. Tout de même, ce truc n'est pas conseillé pour les enfants de moins de 12 ans. Ça peut passer pour les ados.

Enfin, la championne de toutes, la seule et unique **version 3.0.** Les passagers descendent de la voiture pour le classique arrêt-pipi à la station-service, le conducteur verrouille les portières puis s'échappe dans la nature, sans intention de retour. Les victimes sont abandonnées pour vrai sur le pavé, pendant qu'elles mangent nonchalamment un cornet en faisant les cent pas. Les pauvres s'attendent à voir la voiture réapparaître à tout moment. Mais non, la voiture ne revient jamais... Avertissement : à moins d'être réalisée à distance de marche du domicile des victimes, la version 3.0 peut avoir de graves conséquences. Elle n'est vraiment pas recommandée, pour des raisons évidentes.

Il reste que laisser croire à ses passagers qu'on les abandonne, le temps de rire un bon coup, c'est...

COOL !

Entendre le son de la pluie sous la tente

Vous connaissez les grosses timbales d'un orchestre symphonique ? Celles qu'un musicien en smoking bat avec des baguettes capitonnées ? Eh bien, pour un campeur dans sa tente, qui écoute la pluie tomber, c'est comme vivre à l'intérieur d'une timbale.

Je plaisante. Au moins, vous êtes à l'intérieur de la tente, et non dehors, à quatre pattes dans la boue, le t-shirt détrempé, essayant d'enfoncer des piquets de plastique dans un sol vaseux. Monter une tente sous la pluie, c'est dans le *top 10* des choses les plus dégueulasses, qui comprend aussi marcher dans des fils d'araignée, manquer de désodorisant, se faire voler le *punch* d'une blague et oublier son parapluie au restaurant.

Le son de la pluie sous la tente, c'est rassurant. Après tout, vous êtes dans la nature, en compagnie des éléments. Étendez-vous dans votre sac de couchage, les mains derrière la nuque, et appréciez le concert.

COOL !

Arriver à l'arrêt d'autobus
deux secondes avant l'autobus

Montées sur des tiges branlantes, les feuilles de plastique frissonnent au vent. Le grésil tombe à l'horizontale, et vous grelottez dans le sombre abribus isolé, mais pas contre le froid.

Avec vos gants trop minces et votre épais foulard tout mouillé, vous attendez patiemment, en cherchant à oublier le sac à dos bourré de livres qui vous arrache le dos et vous déboîte les épaules. Les doigts gelés, les genoux tremblotants, vous faites la grimace et essayez de vous réchauffer en vous tapotant les bras. Vous espérez, vous priez même, s'il vous plaît, s'il vous plaît, faites que l'autobus tourne le coin maintenant… maintenant…

Qui n'a pas vécu un moment pareil? Je parie que vous vous en souvenez encore aujourd'hui! Mais c'est grâce à des épreuves comme ça qu'on sèche ses larmes et qu'on saute de joie quand, par magie, l'autobus se pointe en même temps que vous. Les pupilles dilatées, les yeux écarquillés, un sourire de clown vous illumine le visage. Vous menez sûrement une bonne vie, et la vie vous récompense.

Vous vous jouez une scène parfaite : commandant d'une armada de grosses roues, vous dirigez les autobus au doigt et à l'œil, qui se déplacent dans la ville pour vous cueillir là où vous le jugez bon. Mon vieux, si vous arrivez à l'imaginer en couleurs, laissez-vous aller : juste avant que le bus arrive, faites-lui signe de s'arrêter en sifflant ou en vous tapant dans les mains à la hauteur des oreilles.

N'est-ce pas qu'elle est parfaite, cette scène : l'autobus s'arrête à vos pieds, les portes s'ouvrent, et le conducteur aux joues rebondies vous sourit à pleines dents, soulève légèrement sa casquette, vous fait un clin d'œil et vous invite à monter.

COOL !

Déguster le fond du sac de chips

La façon d'entamer un sac de chips est assez standard : on ouvre le sac en le pinçant des deux côtés, puis on prend les chips du dessus, les plus grosses et les meilleures. On s'attaque ensuite aux moitiés de chips, au centre du sac. Et hop ! en deux temps trois mouvements, on touche le fond. Les non-initiés croiront qu'il ne reste plus rien, mais attention. Le fond réserve de belles surprises.

Entre autres, la meilleure partie : un triangle de miettes coincées dans le pli du sac. Certains savent de quoi je parle. Rendu à ce point-là, vous avez probablement la bouche et le visage couverts de miettes graisseuses et les doigts orange néon, à saveur de salive salée.

Cette délicieuse zone de poudre de chips n'attend que vous, mais vous devez travailler pour la déguster.

- *Primo,* comme vous ne pourrez pas voir vos doigts manœuvrer au fond du sac tout froissé, vous devez l'incliner pour évaluer la situation : est-ce que le triangle de miettes en vaut l'effort ? Si oui, établissez votre plan de match.

- *Secundo,* même si vos doigts sont probablement mouillés à l'heure qu'il est, vous avez intérêt à faire un pré-lèchement du pouce et de l'index. Allez-y, passez-vous les deux doigts dans la bouche, ne soyez pas gêné. N'oubliez pas: les miettes sont enfouies creux. Le seul moyen de saisir le butin graisseux, c'est d'utiliser efficacement votre salive un peu collante.

- *Tertio,* chargez! Enfoncez le pouce et l'index jusqu'au fond du sac, et rassemblez les miettes jusqu'à en avoir un bon tas. Puis, dans une manœuvre rapide et fluide, retirez les doigts et portez-les à la bouche. Déposez-y les miettes, en prenant bien soin de lécher les restes récalcitrants qui vous collent aux doigts. Mmmmmmmm !

Pour les plus délicats, il existe une méthode moins salissante, qui s'exécute seul ou à deux. Ceux qui ont vu neiger savent de quoi je parle : la méthode du déversement. Il faut deux mains, une bouche béante et un angle de 45 degrés.

Mais quelle que soit la méthode choisie, les dernières miettes, presque entièrement faites de sel et de saveur artificielle, constituent une finale *full* goûteuse. Rien à voir avec les dernières gouttes d'un soda dilué, le trognon d'un muffin ou les grains de maïs à se casser les dents au fond d'un bol de popcorn.

COOL !
——

Ouvrir une boîte avec des clés
ou un stylo

Soyez tranquille, pas besoin de trouver un couteau ou des ciseaux. MacGyver n'est pas loin.

COOL !

Dire la même chose que le commentateur sportif, deux secondes avant lui

Quand le miracle se produit, vous n'êtes plus une patate de sofa qui mange des chips et s'endort la bouche ouverte, dans son vieux survêtement couvert de miettes, les cheveux en bataille et l'odeur douteuse. Oh que non! Quand ça arrive, vous êtes un analyste sportif perspicace, à l'œil aiguisé et à la répartie vive. Qui sait, vous venez peut-être de vous découvrir une deuxième carrière.

COOL !

Réussir une dernière fois à sortir le dentifrice du tube

C'est lundi matin. Vous vous rendez compte que vous avez oublié de mettre le réveil. Non seulement vous n'avez pas eu le plaisir de vous rendormir après la sonnerie, mais encore pire, vous êtes en retard. Dans l'ordre, vous sautez du lit, dans la douche, dans un pantalon, puis vous courez à la salle de bains pour vous brosser les dents avant de sacrer le camp.

Quelle horreur !

Évidemment, c'est justement le jour où le tube de dentifrice choisit d'être tout enroulé sur lui-même. Il repose là, maigrichon, à côté du lavabo. La mâchoire vous tombe et des images vous reviennent en tête...

- Le vif souvenir du premier jet de dentifrice doucement sorti du tube encore tout lisse, à l'époque où la pâte coulait comme de l'eau. Vous pensiez que ça ne finirait jamais. Dans les semaines qui ont suivi, il y a aussi eu d'autres moments inoubliables.

- La fois où vous avez oublié de reboucher le tube. Après, il vous a fallu le serrer très fort pour expulser la couche durcie et permettre au dentifrice frais de sortir par un minuscule trou.

- La première fois où vous avez enroulé le tube, en le recroquevillant à moitié. C'était un présage mais, comme la pâte coulait encore, vous n'y avez pas porté attention.

- La fois où vous avez vraiment cru que c'était la fin, mais que vous avez déroulé le tube et l'avez glissé fortement sur le coin du comptoir, jusqu'à ce qu'il libère de fines molécules vert menthe.

Vous souriez au souvenir de ces jours meilleurs, mais l'urgence vous ramène brusquement à la réalité. Ici et maintenant. Vous êtes en retard pour le boulot.

Vous fixez le tube vide, jetez un coup d'œil à l'heure et décidez de jouer le tout pour le tout, une dernière fois. Vous empoignez votre brosse, serrez les dents et écrasez de toutes vos forces le haut du tube, entre le pouce et l'index. Vous serrez, serrez, les dents vous font mal, vos battements cardiaques résonnent dans le pouce, vos sourcils travaillent fort, votre brosse supplie le tube...

... et finalement, un dernier minuscule tas de dentifrice daigne se montrer. Vous l'attrapez au vol, vous vous le passez dans la bouche et le recrachez.

COOL !
———

Jouir des plaisirs défendus du Q-tip

Oui, oui, frotter et tourner la tige cotonneuse dans le conduit auditif. L'enfoncer loin, là où elle n'a pas d'affaire. C'est comme se donner un formidable et satisfaisant massage de l'oreille interne.

Aussi, plus la tige ressort foncée, cireuse et dégoûtante, mieux c'est. J'ai raison, non? Parce qu'en plus du massage, vous avez droit à un beau bouchon de cérumen... Wow! C'est moi qui ai produit tout ça! Pour ceux qui tiennent des comptes, c'est deux plaisirs pour le prix d'une tige! Pas mal.

Je sais ce que vous pensez. Comment pourrais-je vous inciter à faire quelque chose d'aussi terrible que de pousser un petit objet pointu au voisinage du tympan? Même sur la boîte, on peut lire: «Ne pas insérer le coton-tige dans le conduit auditif. L'insertion d'un coton-tige dans le conduit auditif pourrait causer des blessures.»

Ben voyons, tout le monde le fait. Et tout le monde sait qu'on ne devrait pas. C'est dangereux, inutile, risqué, illégal et contraire au bon sens.

Mais ça fait tellement de bien.

COOL !

Regarder *The Price Is Right* quand on est malade

—• •—

Quand on est jeune, on peut apprendre l'anglais en regardant *The Price Is Right*.

Combien d'enfants de huit ans savent ce que veut dire l'expression « *Come on down* » ? Combien de préados de 12 ans comprennent, en anglais, les caractéristiques d'une armoire en chêne massif ? Et combien de jeunes de 14 ans ont entendu, dans la langue de Shakespeare, la description d'un bateau à moteur, d'un ensemble de maracas et d'un séjour à Porto Rico, en admirant un joli mannequin tout sourire ?

Eh bien, c'est simple : tout enfant alité pour la journée.

Voyez-vous, l'émission *The Price Is Right* est diffusée à 11 h. C'est à peu près l'heure où l'idée de manquer l'école, si excitante au début, devient synonyme d'une journée ennuyeuse, passée sur le sofa, avec un gros mal de ventre. Quand on a 8 ou 14 ans et qu'on est malade, vers le milieu de l'avant-midi, la personne qui s'occupe de nous vient nous voir dans le salon et nous couvre d'une doudou, puis elle sort faire des courses. Et nous, on se sent trop mal pour faire quoi que ce soit. Alors, on reste écrasé sur le sofa, on zappe comme un malade – c'est le cas de le dire – en essayant de comprendre pourquoi il n'y a rien de bon à la télé.

Puis, après avoir essayé de dormir pour la troisième fois et avalé une boîte complète de biscuits soda, il est enfin 11 h et l'émission commence.

Là, on entend le thème musical, les lumières clignotent et c'est le temps du «come on down». Il y en a qui sautent comme des débiles quand ils sont appelés. Trop cool! En fait, ça fait du bien de voir du monde aussi heureux et démonstratif – ça court et ça saute, ça rit et ça crie. Ce serait le fun que ça nous arrive aussi. La bonne humeur, c'est un peu contagieux, non?

The Price Is Right, c'est l'apothéose des jeux, des prix et de la consommation. On se surprend à encourager les participants et à essayer de deviner le prix de chaque lot. C'est drôle qu'on s'intéresse à une émission qui se passe tout en anglais, alors qu'on déteste notre cours d'anglais à l'école.

Je sais, ce n'est plus pareil aujourd'hui. Mais pendant combien d'années, hein, cette émission a-t-elle tenu le fort, solide comme le roc, dans ce monde fou, fou, fou? Il y a eu le veston en paillettes de Rod Roddy, le panoramique de la caméra en quête du prochain concurrent, le mini-microphone de Bob Barker et des plans de la famille dans l'auditoire, criant des conseils au concur-rent stressé pour qu'il gagne le mobilier de chambre.

Ça n'a jamais changé.

Avez-vous eu la rougeole à 6 ans, le rhume à 9, un bras dans le plâtre à 12 ou des crampes menstruelles à 15? Vous comprenez probablement très bien l'anglais grâce à ces 60 minutes en compagnie de dinosaures des années 1970, avec leurs paris à 1$ et les conseils pour châtrer un animal domestique, le tout dans le meilleur jeu-télé pour personnes malades!

COOL!

Se souvenir du nom des gens
rencontrés dans un party

—— • • ——

J'ai un problème. Je rencontre une personne, elle me dit son nom et, quelques secondes plus tard, je l'ai oublié.

Je me présente, je lui serre la main et j'engage tout de suite la conversation, mais je n'arrive pas à me concentrer. Ça m'énerve de savoir que son nom a été immédiatement effacé de ma mémoire. Je m'en veux. Je fouille silencieusement dans mon cerveau, mais tout ce que j'y trouve, c'est un espace béant, blanc, vide et sans vie.

Je souris et je hoche la tête. Mais à l'intérieur, je suis frustré. Et c'est encore pire si l'autre personne m'appelle tout de suite par mon nom: «Alors, Neil, d'où viens-tu?» Moi, je suis trop occupé à faire le ménage dans ma toile d'araignée de cerveau pour répondre intelligemment. Je regarde ailleurs, je suis distrait, nerveux.

En désespoir de cause, je fais appel à une des **3 méthodes** que j'ai développées au fil des ans.

1. *Deux, c'est mieux.* Un ami se joint à nous, et je dis à l'homme mystère : «Connais-tu mon ami Charles ? », en espérant que Charles lui tende la main en lui demandant «Heureux de faire ta connaissance. Comment t'appelles-tu ? » Si Charles réussit, je le félicite à la première occasion. Sinon, je lui lance quelques coups de poing à la figure pour qu'il s'y prenne mieux la prochaine fois.

2. *L'épellation.* Si le nom – que j'ai oublié bien sûr – m'a paru long ou compliqué, je demande à la personne de me l'épeler. Si le type me répond «K-a-m-a-l », je suis soulagé. Évidemment, s'il me dit P-a-u-l, je me sens plutôt idiot. Qui ne risque rien n'a rien !

3. *L'anecdote.* C'est une tactique absolument terrible à laquelle j'ai souvent recours. Il s'agit d'attendre que la personne raconte une anecdote où elle se nomme. Voici un exemple : «Donc, mon ex a fini par me dire, "Catherine, c'est moi ou le chat". Eh bien, j'ai choisi le chat.» En deux phrases, j'ai appris son nom et compris qu'il valait mieux éviter les blagues de chat.

Vues de l'extérieur, ces méthodes ont l'air faciles mais, à vrai dire, c'est toujours délicat et embarrassant, et les résultats ne sont pas garantis. C'est tellement plus le fun de se souvenir du nom de la personne et de l'utiliser avec assurance dès le début de la conversation, comme si on se connaissait depuis des années.

Dans ces cas-là, l'autre personne vous regarde, avec une petite lueur dans les yeux et un grand sourire qui dit que vous avez l'air de bien vous entendre. Qui sait? Vous allez peut-être vous revoir, et devenir des amis, des associés ou des amoureux!

Tout ça grâce à un nom qui vous est resté dans la caboche. Bien joué, cher toi!

COOL!

Avoir un ami dans la nuit

Il est tard, vous avez la journée dans le corps et vous rentrez en voiture, en empruntant des routes secondaires pour arriver plus vite à la maison. Vos paupières sont lourdes, et vous avez mal partout. De temps en temps, vous croisez des voitures, des phares brumeux qui vous gardent concentré sur la route – des travailleurs de quart, des camionneurs, des fêtards pressés d'arriver quelque part le plus rapidement possible.

Puis, une voiture approche et vous fait un appel de phares. Aveuglé, vous vous redressez, tout à coup réveillé et alerte. Vous surveillez le rétroviseur et vous ralentissez. Mais qu'est-ce qui se passe? Quelques secondes plus tard, vous croisez une voiture de police, arrêtée sur l'accotement, les phares éteints. Un prédateur silencieux qui attend patiemment sa proie…

«Merci», dites-vous en passant devant le policier, en roulant sous la limite permise. «Merci, merci et merci.»

Ce qu'il y a d'extraordinaire dans ça, c'est que le bon Samaritain allait dans le sens contraire. Vous ne pourrez donc jamais lui renvoyer l'ascenseur. Vous ne connaissez pas cette personne, elle ne vous connaît pas non plus. Mais cet individu anonyme vous a rendu service, par un petit geste bienveillant en passant, sans obtenir rien en retour. C'est une sorte de pacte entre automobilistes qui roulent aux petites heures du matin. Un mouvement de rébellion tranquille, qui permet à chacun de résister aux forces de l'ordre, qui pigent un peu trop dans nos portefeuilles.

Chaque fois que ça arrive, vous souriez en poursuivant votre chemin. Et quand vous voyez une voiture qui vient en sens inverse, vous savez ce que vous avez à faire.

Un appel de phares. Et même deux, si vous croyez que c'est mieux.

COOL !

Utiliser le canapé masculin

On entend par là tout canapé, ou l'équivalent, situé près des salles d'essayage dans un magasin de vêtements pour femme.

Il est facile à reconnaître : il est habituellement occupé par des hommes ! La plupart sont en train d'envoyer des messages textes, de faire une sieste interdite ou de regarder droit devant, les mâchoires tombantes, les pupilles dilatées, complètement zombies, les bras bourrés de sacoches et de sacs d'autres magasins.

Le canapé masculin est multifonctionnel.

Pour la femme, c'est l'endroit parfait pour retrouver son compagnon de magasinage. Facile, il est juste là, à côté des salles d'essayage. C'est beaucoup plus simple que d'aller le chercher dans la section des revues de la librairie ou devant le comptoir de frites, dans l'aire de restauration. C'est pratique aussi : elle peut lui confier son sac à main, et même lui demander son opinion au besoin.

Pour l'homme, le canapé masculin est un lieu de réconfort. Ses coussins moelleux lui donnent un répit dans cette interminable journée de magasinage. Il se console auprès de ses frères d'armes, dont le regard fatigué évoque le défilé des sept jupettes et la file d'attente pour les ourlets. C'est un groupe las et silencieux, assis sur le canapé, au fond du magasin.

Mille mercis, canapé masculin. Sans toi, nos mollets seraient vraiment en feu. Nous serions tous assis par terre, ou nos blondes devraient venir nous trouver chez le disquaire.

Une belle main d'applaudissements pour le canapé masculin, monsieur, madame!

COOL!
___

Savourer un massage occasionnel au salon de coiffure

Fermez les yeux, appuyez la tête sur le bord de l'évier et relaxez. Déjà, le jet d'eau tiède vous caresse le cuir chevelu. Souriez tranquillement pendant que la coiffeuse vous frotte et vous masse la tête, l'enduisant de shampoing et de revitalisant. Abandonnez-vous en sentant votre cuir chevelu s'épanouir.

COOL !

Ressentir une poussée d'adrénaline

Saviez-vous que votre corps abrite deux glandes surrénales, deux petites piles jaunes de 9 volts qui se prélassent juste au-dessus des reins? C'est quelqu'un qui me l'a dit, et j'ai vérifié. C'est vrai.

Un peu comme les gardes de la reine d'Angleterre, qui se tiennent comme des statues coiffées de bonnets de poil, nos surrénales sont posées là, tranquilles, plutôt inoccupées et contentes d'apprécier la surface rénale, brune et glissante.

Cependant, quand arrive un événement qui exige une réaction de votre part – par exemple, vous allez donner un discours à l'occasion d'une noce, vous entendez une branche se casser à l'extérieur de la tente, ou on sonne à votre porte en plein milieu de la nuit –, vos petites amies les surrénales bondissent sur leurs pieds (façon de parler). Elles vous envoient alors une grosse dose d'adrénaline dans le corps. Aussitôt, vous êtes prêt à l'action, comme si venait d'apparaître une version guerrière de vous-même!

Quand vous subissez un stress assez important pour que votre corps sécrète de l'adrénaline, des choses bizarres peuvent se produire. On parle alors d'une réaction de fuite ou de combat.

- La fréquence cardiaque s'accélère. Plus précisément, votre corps réduit l'apport de sang aux parties non «cruciales» comme le cerveau, le système immunitaire et l'estomac, pour l'acheminer aux grands muscles. Je suppose qu'il a compris depuis longtemps que vous pourrez digérer votre sandwich après avoir tué l'ours.

- Les pupilles se dilatent et votre vision se focalise: l'adrénaline réduit la vision périphérique. Avec vos pupilles maintenant dilatées, vos yeux se concentrent plus facilement sur ce qui se trouve devant vous. Vous ne verrez pas à travers les murs, mais si une corneille plonge droit sur vous, vous réussirez sans doute à l'écarter.

- Le corps se prépare à l'action. En plus d'avoir accéléré sa fréquence cardiaque, le corps transforme maintenant un tas de substances internes en sucre, de l'énergie pure. Résultat, la sensation de douleur en sera atténuée. C'est pour cela que, pendant que vous courez comme un défoncé, les buissons de framboises qui vous déchiquètent les mollets ne vous ralentiront pas.

Autre avantage de l'adrénaline: vous n'avez pas besoin de la contrôler. Elle répond à l'appel quand vous en avez besoin. À mon avis, c'est plutôt cool de savoir que votre corps vous donnera un coup de pouce dans les moments importants. Si vous m'envoyez un crochet de gauche en plein visage, ma garde royale interne laissera tomber son casque de poil, se fera craquer le cou et se retroussera les manches.

La petite dose d'adrénaline est là pour vous aider à vous tirer d'affaire en cas de besoin. C'est un stimulant naturel, grâce auquel vous donnerez un discours mémorable, passerez l'examen final haut la main… ou fuirez les jambes à votre cou pour vous soustraire à ces deux situations!

Certains deviennent accrocs à l'adrénaline, et on peut comprendre pourquoi. L'entrée en action des glandes surrénales peut faire planer. Oui, ça embrouille l'esprit et ça bousille les intestins, mais ça dégage une énergie du tonnerre.

Alors, n'oubliez pas: quand ça passe ou ça casse, votre copine l'adrénaline répond à l'appel. Elle vous donne du courage et vous aide à livrer bataille.

COOL!

Se faire saluer par le klaxon
d'un camionneur

Les klaxons des camionneurs sont les meilleurs.

C'est du sérieux, m'sieur. Ils retentissent comme un coup de tonnerre. Quand une petite voiture donne un petit coup de klaxon pour dire à l'autre que le feu est passé au vert, on croirait entendre une mouette avertissant les autres qu'une vieille dame distribue des miettes pas loin de là. Mais quand un camionneur donne un coup de klaxon, alors là, c'est un rugissement terrible.

Quand on avale des kilomètres et des kilomètres d'autoroute, les heures n'en finissent plus de passer. Rod Stewart, Supertramp, les Cowboys Fringants, tout perd de son intérêt. Même les conversations s'épuisent. Il ne reste plus qu'un amas indistinct d'épinettes et de lignes blanches, monotones. Pour les enfants en mal de distractions, sur le banc arrière, immobilisés par la ceinture de sécurité et perdus dans le silence, le voyage semble durer des jours. Heureusement qu'on a des aires de repos !

Mais quand on a droit au klaxon d'un camionneur, on s'anime un peu, on rit et on interagit. Aussi, ça passe le temps, parce qu'il faut amener le conducteur à se rapprocher doucement du camion, pour être nez à nez avec lui. Pas toujours facile ! C'est un moment de connivence sur roues, un beuglement *intime* à 100 km/heure.

Remercions les camionneurs de ne pas prendre les choses trop au sérieux, de nous procurer de petites joies et d'enfoncer ce klaxon pour notre plaisir.

COOL !
——

S'emparer des restes de gâteau dans la cuisine du bureau

À votre bureau, est-ce qu'on célèbre les anniversaires de naissance?

Si oui, vous savez qu'on souligne l'occasion avec une banderole fixée à l'espace de travail du jubilaire, une carte d'anniversaire signée par les collègues et un gâteau au milieu de l'après-midi. En général, les gens disent qu'ils ne veulent pas de gâteau. À d'autres! Après avoir pris l'habitude d'en manger deux ou trois fois par semaine, on ne peut plus se passer de cette dose de sucre.

Une fois la dégustation terminée, les restes de la fête se retrouvent dans la cuisine du bureau. Pour avoir votre part du gâteau, justement, vous devez suivre les **4 conseils** que voici.

1. *Ayez une réserve de fourchettes et d'assiettes de plastique dans votre tiroir.* Combien de fois vous est-il arrivé de tomber sur un gâteau déjà entamé, pour vous rendre compte que vous n'aviez rien pour le manger?

Levez la main, couverte de glaçage, si vous l'avez tout de même mangé. Ouais, ouais, je sais que certains se servent d'un bâtonnet à café comme couteau et d'une feuille du photocopieur comme assiette! La scène n'est pas jolie. Une sorte de croisement entre un collègue cordial et un raton laveur. Ne jouez pas au raton laveur. Gardez un couvert dans votre tiroir.

2. *En arrivant le matin, faites le tour des espaces de bureau.* Si vous en voyez un qui est décoré, c'est de bon augure. Peut-être mangerez-vous du gâteau cet après-midi.

3. *Faites copain-copain.* Quand vos collègues trouveront un gâteau, ils vous avertiront, et vice versa. Il y en a toujours assez, alors pourquoi ne pas doubler vos chances de tomber sur une fleur en glaçage? Et quand, au retour d'une réunion, vous trouvez dans votre espace de travail un morceau de gâteau posé à côté d'une serviette de table, ça signifie que vous avez déniché la perle rare. Ça, c'est du service. Assurez-vous de remercier la personne en question, en lui offrant le coin du gâteau la prochaine fois.

4. *Prévoyez les pointes.* Les fêtes de bureau ont presque toujours lieu l'après-midi. Il faut bien permettre à un volontaire de sortir acheter un gâteau à l'heure du lunch! D'où l'importance de se renseigner d'avance et de se préparer aux fausses réunions d'après-midi qui tournent à la fête. D'ailleurs, il

n'y a pas de mal à passer par la cuisine aux environs de 14 h 30 pour voir s'il y a de l'action...

Jusqu'ici, on a vu les méthodes qui vous garantiront des restes de gâteau. Mais supposons qu'on vous invite en bonne et due forme à la fête. Pas d'inquiétude, on a tout prévu et résumé en une seule règle d'or : si vous participez à la fête, ne soyez surtout pas le metteur en place, ni le serveur, ni le vendeur. Évitez ces tâches comme la peste : elles retarderont votre dégustation.

- Le metteur en place, c'est celui qui, à la dernière minute, doit trouver des fourchettes en plastique, des assiettes de carton et des gobelets. Quitter le party pour aller quêter des gobelets en styromousse, ça n'a rien de trop plaisant. Le mieux, c'est d'arriver un peu plus tard ou de se mêler aux collègues, dans le fond de la salle.

- Le serveur, c'est celui qui s'approche le plus du gâteau... mais pour le couper et le servir aux autres ! Il est pris pour séparer les unes des autres les assiettes trop minces, y déposer une fourchette et couper le gâteau. Pire encore, les demandes viennent de partout. On se presse autour de lui, on lui crie des ordres : « Non, non, la moitié de ça ! » Parfois, les choses vont si vite que, 20 minutes plus tard, vous êtes dans les toilettes, en train de laver le couteau sous l'eau froide et de l'essuyer avec une serviette en papier. Vous n'auriez pas dû faire le serveur !

- Le vendeur, c'est celui qui prend les morceaux de gâteau et qui circule dans la pièce, pour les offrir aux autres. Si, par malchance, vous êtes pris pour jouer ce rôle, ce qu'il y a de mieux à faire, c'est de demander : « Qui n'a pas encore eu de morceau ? » Puis, agitez l'assiette dans la face des gens jusqu'à ce qu'on vous en débarrasse.

Alors voilà, m'ssieurs-dames. Maintenant que vous avez compris les enjeux, préparez-vous à quelques comas diabétiques. Vous êtes maintenant abonné aux p'tites sucreries de l'après-midi.

Une expérience inoubliable.

COOL !
───

Étendre la main au vent

Par une chaude journée où vous roulez la fenêtre ouverte, les cheveux tout mêlés, quoi de mieux que de passer la main par la vitre, avec précaution bien sûr, et de la faire aller et venir au gré du vent?

Une voiture en mouvement, ça crée une puissante masse d'air que vous pouvez chevaucher: laissez-la porter votre main et glisser le long de vos doigts. Fermez-vous les yeux (pas si vous êtes au volant, quand même) et faites semblant de voler.

COOL!

Déjeuner au lit

C'est la fête des Mères, et les enfants vous réveillent avec une assiette de toasts refroidis, d'œufs baveux et un petit verre de jus d'orange. Sans doute pas le meilleur repas du monde, et vous pourriez renverser des miettes dans les draps, mais qui n'aime pas se faire servir le p'tit-déj au lit?

Non mais, pensez-y. Pendant que vous dormiez, quelqu'un s'est dit: «Je vais descendre à la cuisine, préparer le meilleur repas possible, le mettre sur un plateau et l'apporter en haut pour [vous] le servir.» Oui, oui, pour vous le servir! On vous l'a fait cuire, on a préparé l'assiette et on vous l'a apportée, sur un plateau. Admettez-le: si on vous traite ainsi, vous en avez, de la chance.

Le déjeuner au lit, ça peut aussi faire partie d'une matinée exotique: on se lève, on mange et on se rendort! Après un brillant festin dominical où on se bourre l'estomac, on remonte la couette pour une sieste post-déjeuner. Quelle joie de réintégrer les draps et de retourner les oreillers avec l'estomac plein! Qui sait si le lunch au lit ne suivra pas les beaux rêves de la grasse matinée ? La question est pertinente, non ? Y en a-t-il parmi vous qui ont aussi eu droit à un lunch au lit ? Si oui, je crois que vous remportez la palme de la plus merveilleuse journée !

Oyez, oyez mes amis, voici ce qu'il faut pour transformer le déjeuner au lit en une expérience divine :

- un bocal miniature de ketchup ou de confitures ;

- une carte d'anniversaire maison, que ce soit pour la fête des Mères ou un autre anniversaire ;

- un dessert pour clore le déjeuner ;

- une motte de beurre patiemment sculptée en forme de spirale ou de cube parfait ;

- des serviettes de table en tissu, joliment pliées.

N'est-ce pas que nous aimons manger ? Et dormir aussi. Le déjeuner au lit, c'est l'activité qui marie les deux. Pas de doute, on sait tous ce qu'on en pense…

COOL !
_____

Finir par se couper les ongles

Des ongles trop longs me détruisent comme une drogue.

Parfois, en boutonnant ma chemise, je remarque que mes ongles ont un peu allongé. Je continue de boutonner ma chemise en me promettant mentalement de les couper dans la soirée.

Comme de raison, en rentrant du travail, je ne trouve pas le coupe-ongles. Je décide donc de m'endormir sur le sofa à huit heures et demie, après m'être gavé de nachos pour le souper. Quand je me réveille, à trois heures du mat, je titube jusqu'à mon lit, le cou tordu, et je dors quelques heures avant d'entendre la sonnerie du réveil. Je me lève, trébuchant un peu partout en boutonnant ma chemise, et je me promets mentalement de me couper les ongles dans la soirée.

La même histoire se répète pendant quelques jours, jusqu'à ce que mes ongles aient l'air de griffes dignes d'un aigle. Ça empire de jour en jour, jusqu'à ce que la situation bascule : à un moment donné, je n'en peux plus et je craque. Je sors en courant acheter un coupe-ongles à la pharmacie, et je me coupe les ongles comme un enragé.

Mais, au bout du compte, ce n'est pas si mal d'avoir attendu aussi longtemps : la coupe est spectaculaire. Je place l'instrument directement sur les sillons, et je coupe morceau par morceau, jusqu'à ce que les grosses rognures reposent en tas dans le papier-mouchoir posé à côté. Je ressens alors une pointe de fierté, de soulagement et de propreté – comme si je venais d'éviscérer un poisson, de me faire couper les cheveux ou de finir une vente de garage.

Et quand j'inspecte en souriant mes bouts de doigts hypersensibles, je me demande un instant si le monde est vraiment prêt pour le nouveau moi.

COOL !

Être accueilli après une dure journée par un plat qui mijote

—— • • ——

Le cerveau en compote, le pantalon froissé, les talons trop hauts, la cravate trop serrée ?

Sentez-vous le cœur vous battre dans les tempes ? Votre haleine a-t-elle une odeur de peinture ? Avez-vous mal partout ? Si oui, la journée a été longue, très longue. Peut-être avez-vous rempli trop de relevés de dépenses, calculé des statistiques nébuleuses, ou appuyé sur le mauvais bouton du photocopieur, sans personne pour décoincer le fouillis de papier !

Vous rentrez à la maison de peine et de misère, fatigué, irrité, courbaturé. Pendant que le soleil se couche, vous oubliez le bureau et les bouchons de circulation pour penser à votre estomac... qui crie famine. Le bagel que vous avez avalé tout rond il y a six heures, c'est de l'histoire ancienne. Mais vous êtes tellement épuisé. La seule chose qui reste à faire, c'est de commander une pizza.

Mais, en ouvrant la porte, ô bonheur ! Vous sentez une odeur venant de la cuisine. Malgré votre cerveau bouché et légèrement gelé par le *toner* du photocopieur, vous faites un certain rapprochement. «Souper moi manger. Nourriture oui maintenant.»

Vous revenez à la vie.

Vos lèvres esquissent un léger sourire, vos narines frémissent légèrement, et votre regard s'illumine d'une lueur de compréhension. Vos piles viennent de se recharger. Bye bye chaussures et chaussettes collantes ! Vous salivez déjà à la pensée du repas qu'une personne aimée vous a préparé.

COOL !

Avoir une jambe
sous la couverture, l'autre pas

La température ambiante est importante.

La tête dans le congélo, les mains dans le fourneau, décidez-vous. Choisissez une température, et exécution. Montez le thermostat, tapez sur le radiateur ou crinquez le ventilateur. Si vous avez chaud, enlevez des couches; si vous avez froid, mettez des pantoufles.

La température ambiante est importante. Si elle n'est pas confortable, vous ne serez pas heureux. Vos colocs veulent plus chaud, votre mari veut plus frais, vous voulez que ce soit jussssssssste parfait, alors vous devrez jouer avec les cadrans et ajouter des couches tant que vous n'aurez pas tapé dans le mille.

Tôt ou tard, vous y arriverez. Ce jour-là, vous verrez la vie en rose. Mais, en attendant, il y aura l'heure du dodo.

Avant d'éteindre et de vous abandonner au sommeil, vous devez trouver votre zone de confort nocturne. Je vous préviens, ce n'est pas facile! Si vous vous êtes déjà réveillé en grelottant ou en transpirant, ou bien vous dormiez à poil, ou bien vous aviez trop de couvertures.

Si vous dormez seul, vous devez tenir compte de plusieurs facteurs: le ventilateur de plafond, les bouches de chauffage et votre transpiration normale. Si vous dormez avec votre chien, votre chat ou votre conjoint, vous devez prendre en considération le réchauffement par la respiration de l'autre, et la paire de jambes supplémentaire qui transpire sous les couvertures.

Si vous êtes comme moi, il vous arrive de vous réveiller soudainement en pleine nuit parce que vous n'êtes pas bien. Quand ça vous arrive, pas de panique: glissez une jambe à l'extérieur des couvertures et laissez l'autre à l'intérieur.

Pas sorcier, mais ô combien efficace!

COOL!

Cuisiner une montagne de crêpes, comme sur la photo

Préparer un assemblage de crêpes comme sur la photo qui orne la boîte est une expérience matinale des plus satisfaisantes. Sans blague. Ça prend du travail d'équipe, un bon minutage et de la confiance. Pour que la magie opère, voici quelques conseils.

1. *L'équipe.* Un cuistot, un garnisseur et un metteur de table. Le cuisinier doit être un lève-tôt autonome, qui possède les compétences et la confiance voulues pour nourrir un groupe et savoir *grosso modo* reconnaître la forme d'un cercle. Le garnisseur doit être amateur de beurre et de sirop d'érable, et savoir où les trouver. Il aura peut-être besoin d'un permis de conduire. À vous de voir. Enfin, le metteur de table doit absolument avoir de l'expérience, et être capable de plier joliment les serviettes de table.

2. *Les préparatifs.* Eh oui, le spectacle commence la veille. Le garnisseur doit s'assurer d'avoir en main tous les ingrédients clés. Y a-t-il suffisamment de

mélange à crêpes dans la boîte? Les robinets coulent-ils normalement? Le beurre et le sirop d'érable sont-ils à la hauteur? Au besoin, faites une liste et allez à l'épicerie avant la fermeture. Il ne faudrait pas découvrir au petit matin qu'il manque un ingrédient. Dans le doute, personne ne pourra dormir à poings fermés.

3. *Le repos.* L'heure où vous vous endormez importe peu, mais assurez-vous d'accumuler assez d'heures de bon sommeil pour recharger vos piles et être prêt à l'action dès le lever. Notez bien: celui qui travaille à moitié assommé fait un travail bâclé. Personne ne veut de crêpe oblongue dans son assiette.

4. *Le lever.* Du corps et du rideau. C'est au tour du cuistot de montrer ses talents. Le boulot n'est pas pour les faibles. Le chef doit d'abord régler la température du four – pas trop élevée s'il vous plaît – où reposeront les crêpes jusqu'à cuisson de la dernière. L'opération progresse en crescendo, ne l'oublions pas. Une fois le four à la température voulue, le chef s'exécute: il s'attache les cheveux, réchauffe le poêlon, bat le mélange à crêpes. Il n'aura aucun répit tant que toutes les crêpes ne seront pas cuites, gardées au chaud et prêtes à servir, présentées comme sur la photo. Le metteur de table s'affaire lui aussi: il met les couverts, dispose les assiettes, plie joliment les serviettes. Pour

compléter le cirque, le garnisseur verse du jus dans les verres et sculpte de parfaits petits carrés de beurre.

Groupe, n'oubliez pas que l'enjeu, c'est d'obtenir une pile de crêpes, chaudes et moelleuses, arrosées d'une bruine de sirop et recouvertes d'un carré parfait de beurre fondant.

Bien sûr, ça prend du temps. Et de l'effort. Et une équipe de gars solides qui ne perdront jamais de vue l'objectif. Mais qu'est-ce qui pourrait être plus amusant, par un beau dimanche matin, que de créer votre propre monument de crêpes empilées, aussi droites que sur la photo de la boîte ?

(Psst psst : rien.)

COOL !
____

Éternuer à deux temps

Votre tête est une machine.

Qu'on le veuille ou non, le visage et le cuir chevelu ne servent qu'à emballer l'usine géante et bourdonnante qu'il y a en dessous, à l'intérieur du coco. Pensez un peu à ce qui se passe là-dedans.

D'abord, il y a des ondes sonores qui circulent continuellement dans vos oreilles cireuses, comme Luke Skywalker qui tisse son chemin dans les tranchées de l'Étoile de la Mort. Puis vient le nez, toujours en alerte, prêt à détecter les fuites de gaz au sous-sol, les croissants frais à la boulangerie, le café dans les allées de l'épicerie. Et n'oublions surtout pas le couple bouche-nez, qui danse au rythme de la respiration, un art majestueux en soi.

Mais attendez, ce n'est pas tout. En plus de ces chancelantes chaînes de montage, il y a le sang qui tourbillonne, le mucus qui dégouline et les neurones qui se précipitent à droite et à gauche, comme un million de balles de ping-pong.

L'usine cérébrale, la plus active de toutes. Jamais de répit, jour après nuit après jour, beau temps mauvais temps, jusqu'à la fin des temps.

Compte tenu de tout ce va-et-vient, il n'est pas étonnant que les choses se gâtent une fois de temps en temps. Des cils en cavale se coincent dans vos orbites, des *popsicles* vous gèlent le cerveau et des éternuements se perdent dans le coco surchargé, au moment où ils préparaient leur sortie.

Quelle expérience !

Le visage immobilisé dans une curieuse grimace, vous fixez le plafond et soulevez la main, l'index pointé vers le haut, suppliant le contremaître de l'usine, oh je vous en prie, de vous laisser éternuer. Un œil ouvert, l'autre fermé, les joues crispées, la bouche en triangle, vous sentez l'éternuement se perdre dans la matière grise.

Mais aaaahhh, ATCHOUM !

COOL !
_____

Recevoir des excuses silencieuses

On peut sentir la tension dans la pièce : l'atmosphère s'alourdit à vue d'œil. Le souper a été servi en retard, des factures traînent sur la table, on n'a pas appelé pour prévenir.

Vous êtes là, à fulminer devant la télé, pendant que l'autre pleure doucement dans la chambre, en haut. Les choses se calment tranquillement, puis l'autre descend, entre doucement dans la pièce et vous regarde de ses yeux humides et bienveillants, esquissant un sourire d'excuse désarmant.

Vous savez ce qui va suivre, et un sentiment de regret vous envahit. Avant même que l'autre prononce un seul mot, vous l'interrompez d'un mouvement de tête et d'une accolade.

COOL !

Savourer l'odeur et le son d'un feu de camp

Tailler des bûches dans un arbre mort, les lancer sur un tas de cendres et y mettre le feu. Une joie qui n'a pas d'âge !

Pendant que le bois sec dégage lentement des années d'énergie puisée à même le soleil, l'air et le sol, des lumières vives, des sifflements murmurés, des crépitements et des odeurs enivrantes de musc et d'aiguilles de pin enrichissent le spectacle.

Sous vos paupières fermées, vous dessinez des kaléidoscopes jaune et orangé pendant que la chaleur vous réconforte, vous rosit les joues et vous procure une agréable sensation. Dans cette forêt sombre et froide, sur un long billot à côté du lac paisible, vos oreilles et vos narines se réveillent. Appréciez les bruits et les odeurs qui vous enveloppent.

COOL !

Apercevoir sa valise en premier sur le tapis roulant

Mes amis ont des théories.

«Si t'es le premier passager à t'enregistrer pour le vol, t'es fait», me dit mon ami Chad quand l'avion amorce sa longue descente. «Ta valise va être enfouie sous une montagne de sacs de golf, d'étuis à guitare et de cages d'oiseau.»

«Mais non, pas du tout», réplique Mike en sirotant son Coke diète et en faisant non de la tête. «C'est dernier arrivé, dernier sorti, et c'est très bien comme ça. À moins que tu voles en classe affaires ou que tu fasses partie d'un club sélect. Les sociétés aériennes, c'est du sérieux, elles ont des principes.»

«Vous êtes tous les deux dans le champ», que je leur dis en soupirant, avec l'air suffisant du PDG frustré d'une société aérienne. «J'aurais bien voulu que le traitement des bagages suive une certaine logique. Malheureusement, c'est un système totalement chaotique. Non, mais, pensez-y. Si quelqu'un passe ses journées à s'éreinter dans les entrailles d'un aéroport, pensez-vous vraiment qu'il va suivre des règles quelconques? Aucune chance! Il attrape les bagages au hasard, et ça finit là. Personne ne sait quand sa valise va arriver. »

La conversation se termine sur une impasse. Chacun hausse les épaules, et on évite le contact visuel. Par le hublot, Mike regarde les vives lumières qu'on survole, et Chad feuillette négligemment la revue de bord, s'arrêtant sur des photos de piscines aux formes intrigantes.

Fatigués et endoloris, on atterrit, on passe les douanes et on se dirige vers le carrousel à bagages. Mais, loin des théories et des débats, s'il y a une chose de vraiment agréable, c'est de voir sa valise atterrir la première sur le tapis roulant.

Quand ça arrive, fendez la foule anxieuse, prenez votre valise et dirigez-vous jusqu'à la sortie. Surtout, souriez à vous cramper les joues, parce que vous avez gagné le gros lot.

COOL!
———

Quitter son maillot tout mouillé

Vous avez les mamelons gelés, la chair de poule et d'incontrôlables frissons.

En sortant de la piscine, où vous avez passé beaucoup de temps, le vent vous fouette et vous glace jusqu'aux os. Pendant un moment, vous êtes frigorifié dans le ruisselant *no-man's land* qui sépare l'eau tiède de la piscine et la serviette de bain moelleuse. Les cheveux vous tombent sur les oreilles, l'eau froide vous dégouline le long des jambes, vous courez sur le gazon ou montez les marches du patio pour prendre la serviette. Vous vous séchez rapidement les cheveux et le visage, vous vous frottez les bras et les jambes, et vous vous enroulez dans la serviette, adoptant la classique pose de Batman, ou Robin, c'est selon, prêt à se jeter en bas d'un gratte-ciel.

Bien sûr, c'est un sentiment agréable que de se réchauffer, mais il y a un hic : le maillot froid et mouillé qui vous colle au derrière. Des gouttes ruissellent sur vos jambes tant que vous n'entrez pas dans la maison, direction la toilette, pour vous en débarrasser. Ça se fait habituellement en **3 étapes.**

1. *Le pelage.* Pour ceux qui portent le slip de bain, c'est l'affaire de quelques secondes : on dénoue le cordon puis on laisse tomber la pièce en un petit tas de spandex mouillé sur le plancher. Pour ceux qui préfèrent le short, il faut ôter le morceau, en le tirant le long des jambes déjà séchées ; il colle et se boursoufle tant qu'on n'a pas réussi à l'envoyer valser du pied, dans un accès de colère.

2. *Le séchage.* Avec les fesses moites qui pendent froidement sous le ventilateur de la salle de bains, vous saisissez la serviette et terminez le séchage, en vous concentrant cette fois-ci sur vos parties basses. Lorsque toute trace d'humidité frisquette a disparu, vient l'étape divine.

3. *L'entrée au paradis.* Maintenant, enfilez vos douces bobettes en coton, puis un pantalon sec qui vous tiendra bien au chaud. Vous avez eu si froid que vous aurez l'impression que vos bobettes sortent de la sécheuse. Chaque centimètre de votre peau appréciera la sensation, pendant que vous retournerez nonchalamment sur le patio pour manger une bouchée ou boire une bière bien fraîche.

Bienvenue parmi nous, mon minou.

COOL !

Passer avec succès de la laveuse à la sécheuse

Que vous soyez en train de laver vos sous-vêtements au sous-sol d'une tour à logements du centre-ville, de repasser des trucs à la buanderie du quartier ou de sécher des serviettes à la maison, une chose est sûre : le plancher de la laverie est sale.

Avec les traces de saleté et les moutons de poussière qui tapissent le sol, le transfert des vêtements mouillés et entortillés de la laveuse à la sécheuse est une opération risquée.

Un seul faux mouvement, et une toile d'araignée laissera des traces sur la manche de votre belle chemise. Un autre, et vos chaussettes noires virent au gris charpie. Et si vous réussissez le tour du chapeau, c'est reparti mon kiki. On remet le tout dans la laveuse.

Pas de faux mouvement = un sourire béant.

COOL !

Avoir des vitres de voiture
qui descendent jusqu'en bas

Assis en arrière, vous roulez en ville par une chaude soirée d'été, la basse qui résonne et la tête qui suit la mesure. Y a-t-il quelque chose de plus agréable, dans un pareil moment, que de passer le bras par la vitre et de l'exposer aux fraîches caresses de la brise?

Si vous avez répondu pas vraiment, vous avez raison.

Je m'adresse ici à l'industrie automobile : pour vraiment profiter de l'été, nous avons besoin de vitres arrière qui descendent jusqu'en bas. C'est quoi cette histoire de vitres qui s'arrêtent à mi-chemin, au quart du chemin et même à deux centimètres du but? Non, mais, ça va pas? Le Peuple veut des vitres normales, qui descendent complètement. Oyez, oyez, fabricants de portières et de vitres : arrêtez vos niaiseries et laissez-nous respirer!

Franchement, une vitre qui descend à moitié : si on met le bras dehors, le sang arrête de circuler et la main devient toute bleue. C'est le fun, hein?

Les vitres arrière qui descendent jusqu'en bas nous adoucissent la vie. Elles nous apportent le vent et nous invitent à battre la musique, le coude dehors, comme le font ceux qui sont assis devant.

COOL !

Connaître à fond
la télécommande

Avez-vous déjà essayé d'allumer la télé de quelqu'un d'autre? Vous savez comme moi que ce n'est pas simple.

D'abord, il faut faire une association de marques. Devant vous, sur la table à café, il y a trois télécommandes noires identiques. Le Sherlock en vous aperçoit le logo Panasonic sur le coin de la télé et repère la télécommande du même nom sur la table. Élémentaire, mon cher vous savez qui.

Si ça ne fonctionne pas, il y a la méthode manuelle. Quand rien ne s'allume, vous lancez les télécommandes sur le sofa dans un geste de colère, puis vous vous dirigez vers la télévision, en quête du bouton qui l'allumera. Ça ira, jusqu'au moment où vous voudrez regarder un film et ne trouverez pas les boutons plus sophistiqués, genre TV/Vidéo.

Ce comportement vous vaudra parfois un sermon. Votre ami entre dans la pièce et voit que vous jouez avec les télécommandes, pendant que des sous-titres espagnols défilent à l'écran. «Mais qu'est-ce que t'as fait? Sur quoi t'as pesé en premier?», vous demandera-t-il en vous arrachant les télécommandes des mains, comme s'il s'agissait de chiots que vous étranglez. «Tu fais tout de travers!» S'il est du genre sarcastique, il vous enverra peut-être des remarques comme: «Comment la télé peut-elle fonctionner sans le câble, hein?» ou «Non mais, franchement, il faut que le bouton *Input* de la télécommande universelle soit à *On*. Pfffffft!»

Si vous avez connu une telle épreuve, vous savez à quel point il est gratifiant de finir par apprivoiser sa télécommande. Vous n'avez pas remarqué le changement mais, un jour, en vous regardant dans le miroir, vous avez compris que vous faisiez enfin partie de l'équipe des étoiles de la manette.

D'abord, vous avez maîtrisé les flèches vers le haut et le bas, puis découvert les secrets du clavier numérique, malgré la disparition des petits collants sur les chiffres. À partir de là, rien ne vous arrête. *Mute*, le mode sommeil, tout ce que vous voulez… N'ayant plus besoin de regarder la télécommande, vous devenez un as du surf télévisuel. Personne ne passe les postes comme vous. Personne ne monte plus vite le son quand votre mère branche l'aspirateur. Et personne n'appuie comme vous sur le bouton *Mute* pour répondre au téléphone à la première sonnerie.

COOL!
_____

Entendre un sourire au téléphone

On peut se sentir seul dans une grande ville.

Avec nos amis dispersés un peu partout et les gens qui nous sont chers établis dans d'autres coins du pays, sinon à l'étranger, c'est difficile de réunir les conditions idéales pour se parler. Même si les frais d'interurbains ont diminué. D'abord, il y a les fuseaux horaires et les répondeurs. Mais, surtout, c'est compliqué de s'immiscer pendant une heure dans la vie de quelqu'un, alors que cette personne est en train de vivre sa vie.

Malgré tout, une fois de temps en temps, on réussit à parler au téléphone à un ami proche – qui est loin – pendant une heure ou deux. Avec un peu de chance, après les 20 premières minutes – quoi de neuf au travail, comment vont les enfants, et les parents âgés, et les gens qu'on connaît tous les deux mais qu'un des deux connaît mieux –, la conversation se transforme en joyeuses taquineries réciproques, où le temps semble suspendu.

Il n'y a rien d'équivalent. On blague comme si on était encore dans la cafétéria du collège un vendredi soir, on jase comme si on partageait la même chambre, à l'époque où on chuchotait la veille de Noël. On rit comme si on était encore jeunes et encore mariés.

Si on écoute attentivement, on peut entendre les sourires qui percent les ondes téléphoniques, comme des rayons laser. Ces sourires vous vont droit au cœur et vous chavirent. Ces moments-là, avec un ami cher, ce sont des cadeaux de la vie.

COOL !
_____

Découvrir que nos chaussures
sont trop petites

On dirait que certains appareils de la vie courante ont été récupérés d'une soucoupe volante retrouvée au fond de l'océan. Des tire-bouchons munis d'oreilles bizarres, des machins métalliques qui arrachent les mauvaises herbes et, bien sûr, la drôle d'assiette qu'on utilise pour mesurer la taille de nos pieds au magasin de souliers. Mais je suppose qu'il y a une explication à tout.

Si des règles traînaient un peu partout, le suspense serait moins grand quand vient le temps de passer à la pointure supérieure. Maman prendrait une règle, la poserait sur votre pied et vous dénicherait une nouvelle paire de chaussures, point à la ligne. Mais l'Appareil-à-mesurer-les-pieds-venu-de-l'espace a tout chamboulé. Quand la vendeuse du magasin en a enfin repéré un sous une banquette, elle le pose à vos pieds, se met à genoux devant vous, vous coince le talon au fond de l'engin, joue avec les réglages, inspire, lève les yeux et vous annonce le résultat: « Un sept. »

COOL !

Avoir le bon stylo encore
en sa possession

Vous savez lequel.

Vous avez perdu le capuchon il y a des lunes, le bout est mâchonné au-delà de tout espoir, mais ce fidèle stylo à bille continue de couler comme les chutes Niagara.

Loyal, impeccable, tout taché d'encre, ce vraiment bon stylo peut être caché au fond d'un tiroir, déposé sur le dessus du frigo ou dans le coffre à crayons. Mais il est quelque part, et il est commode, toujours prêt à rendre service.

Il disparaît de temps en temps. Vous le perdez de vue pendant des semaines, voire des mois. Vous vous dites qu'il a accidentellement roulé sous la cuisinière ou été jeté à la poubelle. Ou, pire encore, qu'il est tombé aux mains d'un voleur de stylo qui se fait passer pour un emprunteur de stylo.

Vous vivez un deuil… Mais un jour, vous retrouvez votre cher stylo, niché dans la poche de votre canadienne ou se prélassant dans la boîte de Scrabble. Et, comme de raison, ça se produit quand vous vous y attendez le moins.

N'est-ce pas réconfortant de savoir que votre vraiment bon stylo est toujours là pour vous? En cette ère de tableaux graphiques, de messagerie vocale visuelle et de messages textes, n'est-il pas agréable d'avoir à portée de la main un stylo fait de métal et d'encre? Un objet authentique.

Qui mérite d'être apprécié.

COOL!

Repérer le panneau
d'une station-service à l'horizon

Il est tard, il fait noir. Vous roulez sur une route déserte, et la jauge d'essence frôle dangereusement le bas du cadran.

D'abord, vous passez en mode économie d'essence : vous accélérez doucement et passez les stops sans freiner. Bien sûr, vous vous engueulez mentalement – pourquoi est-ce que j'attends toujours à la dernière minute pour faire le plein ? – en promettant de ne pas recommencer, jamais. Mais vous brûlez toujours de l'essence.

Place au mode survie : dans votre tête, vous passez en revue les provisions de secours que vous avez dans la voiture. Vous vous voyez déjà en train de fabriquer une couverture en serviettes de table pour vous garder au chaud jusqu'à l'arrivée des secours et de manger les enveloppes de ketchup et les bonbons ramassés dans les restaurants.

Finalement, au moment où vous avez perdu tout espoir, quand vous serrez fort le volant pour calmer vos tremblements tout en regardant l'indicateur d'essence allumé, vous montez une autre longue côte déserte. Mais, cette fois-ci, vous voyez les lumières du panneau d'une station-service à l'horizon.

COOL !

Retrouver le titre d'un film

Ça se produit toujours au beau milieu de LA grande scène du film.

On arrive au dénouement, au point culminant où on va enfin connaître l'issue du procès ou du match de championnat... Tout à coup, vous vous rappelez que l'avocat de la défense ou le coach de l'équipe adverse est l'acteur qui jouait dans un autre film. À partir de là, rien à faire : vous ne pensez qu'à trouver le titre de ce damné film.

Ah, je pense que c'était le gardien de prison dans *À l'ombre de Shawshank*. Ou peut-être l'avocat dans *Miracle sur la 34ᵉ Rue*. Non, ça y est. C'est le fou au couteau dans *Il était une fois au Mexique*.

COOL !

Se rendre compte qu'on sait conduire une voiture

—— • • ——

L'année de mes 16 ans, j'ai suivi le cours de conduite de l'école locale. C'était une semaine étouffante et incroyablement humide de l'été. La salle de cours se trouvait au dernier étage d'un vieil immeuble, qui abritait aussi des dentistes, des avocats et des voyagistes qu'on reconnaissait à leurs affiches défraîchies.

Il n'y avait pas de climatisation. Seulement des fenêtres maintenues ouvertes par des règles en bois. Dans la classe, tout le monde suppliait dame Nature pour qu'une brise fraîche nous garde éveillés. On étouffait et on dégouttait, et ça empestait le paquet de craies écrasées comme des biscuits sodas dans un bol de soupe à la sueur.

Pour moi, les cours de conduite ont été une véritable torture. Apprendre à conduire dans une salle de classe, c'est comme apprendre à faire du vélo dans une piscine. Ça n'a aucun sens. L'instructeur nous présentait des transparents au rétroprojecteur, en faisant des triangles pour nous montrer les angles morts. On discutait de l'histoire des ceintures de sécurité en regardant des vidéos sanglantes qui nous donnaient la chienne.

J'avoue que mes souvenirs sont flous. Mes notes ont disparu depuis belle lurette, et je ne saurais absolument pas dessiner les angles morts, mais il y a une chose dont je me souviens: quelques éléments d'un cours magistral donné un après-midi. L'instructeur nous disait qu'on apprend à conduire en **4 étapes.** Frappant sa craie sur le tableau pour attirer notre attention, il a poursuivi: «L'important, c'est de savoir à quelle étape on se trouve.»

- *Étape 1 : vous ne savez pas que vous ne savez pas.* Comme vous n'avez jamais essayé de conduire, vous ne savez pas que vous ne valez rien comme conducteur. Vous savez seulement qu'il y a des voitures partout et des gens qui les conduisent. C'est simple, non?

- *Étape 2: vous savez que vous ne savez pas.* Surprise! Vous ne pouvez pas conduire. Vous vous en rendez compte la première fois en faisant un long virage maladroit dans la mauvaise voie. Vous comprenez l'ampleur de votre incompétence quand vous heurtez violemment les pneus contre le bord du trottoir et brûlez accidentellement un feu rouge. Vous ne savez pas non plus stationner, même pas sur une rue déserte, en file ou dans une côte, et vous oubliez de mettre le clignotant. C'est déprimant mais, au moins, vous reconnaissez votre ignorance. Vous avez réussi l'étape 2, que vous le vouliez ou non.

- *Étape 3 : vous savez que vous savez.* Après un bout de temps, vient le jour béni où vous vous rendez compte, pour la première fois, que vous pouvez conduire ! En règle générale, à la troisième étape, l'élève a fait peur à quelques piétons, enduré les conseils de ses parents et entendu beaucoup de blagues plates sur les nouveaux conducteurs. Mais vous avez réussi. Et vous êtes aux anges. Félicitations !

- *Étape 4 : vous ne savez pas que vous savez.* Tôt ou tard, conduire devient une routine. Vous êtes à la quatrième étape quand, le samedi matin, la voiture vous mène au travail plutôt qu'au marché, ou que vous aboutissez dans votre entrée en état de panique parce que vous ne vous rappelez pas avoir franchi les 15 dernières minutes du trajet. «Comment suis-je arrivé jusqu'ici ?», vous demandez-vous, avant de vous rendre compte que vous avez conduit en rêvassant à je ne sais quoi. Vous avez probablement clignoté et viré sans y penser, parce que votre cerveau s'est mis en mode automatique à votre insu. Quand ça se produit, vous ne savez même plus que vous savez.

L'étape 4 n'est cependant pas la meilleure. En fait, la meilleure, c'est l'étape 3 : la joie de découvrir que vous avez appris une chose toute nouvelle, et la fierté que vos efforts et votre détermination vous ont procurée. Le premier jour où vous vous rendez compte que vous pouvez conduire, c'est une journée dangereusement enivrante.

Quel sentiment de liberté! Les patinoires de hockey et les jeux de marelle de notre enfance se transforment en autoroutes, en cinémas en plein air et en fins de semaine à la campagne. Le monde semble à la fois s'ouvrir et rétrécir. Et quand on se met à penser à tous les endroits, aux villes et aux villages qui sont reliés à la rue où on habite, on n'en finit plus de s'émerveiller.

COOL!

Se réveiller et se rendre compte que c'est samedi

MERDE, J'AI PASSÉ TOUT DROIT. JE VAIS ÊTRE EN RETARD POUR LE BOULOT!

Eille, une seconde...

COOL!

Porter des survêtements

Les bons vieux survêtements.

Si confortables, mais si risqués à l'extérieur de la maison. Dites-moi franchement, combien d'entre vous osent le *look* « survêtements » au cinéma ou au supermarché ? Pas trop, trop, je gage. Pourtant, le pantalon molletonné est un véritable cadeau du ciel.

Et tellement pratique.

- *Pas de ceinture.* Vous l'enfilez et êtes prêt à partir. Pensez-y, si tout le monde l'adoptait, la ceinture deviendrait obsolète et serait remplacée à tout jamais par une technologie de pointe. Et j'ai nommé l'élastique.

- *Transformable.* Vous le roulez, et hop, vous avez les mollets à l'air. Un short instantané. N'est-ce pas merveilleux ! Surtout qu'en version short, le pantalon molletonné a beaucoup plus de gueule qu'un pantalon habillé ou un jean blanc moulant.

- *Extensible.* Avez-vous déjà entendu quelqu'un dire : « J'ai perdu 15 kilos et j'ai dû renouveler ma garde-robe »? Moi aussi. Mais avez-vous déjà entendu quelqu'un dire : « Il y avait un deux pour un chez Ben & Jerry's la semaine passée, et mes vêtements ne me font plus ! » ? Moi non plus. Personne ne le dit, mais on connaît tous quelqu'un à qui c'est arrivé. Le hic, c'est que la plupart des vêtements ne sont pas extensibles : si votre taille change, la taille de vos vêtements doit changer aussi, ce qui suppose d'en acheter de nouveaux. Mais vous savez quoi ? Pas besoin d'acheter un nouveau survêtement ! Le pantalon molletonné vous veut du bien, c'est l'ami extensible de votre garde-robe. Il vous enveloppera confortablement, même quand vous aurez pris de l'expansion. Merci !

- *Chaud.* Si vous vous promenez en bobettes dans la maison, vous n'apprécierez pas immédiatement une des principales caractéristiques du molletonné. Eh oui, la chaleur. Fini les frissons.

- *Bon marché.* Combien coûte un pantalon régulier ? À voir les prix, on croirait acheter une édition limitée d'un pantalon en cuir Kobe doublé de cachemire, avec une tête d'aigle en prime ! Quand même, c'est rien qu'un pantalon, et un pantalon doit être abordable. Voilà pourquoi on aime tant le molletonné. En plus, comme le style et les couleurs changent rarement, on peut le porter pendant des années sans s'inquiéter de la mode. Et dans le rayon des survêtements, le gris est toujours le gris dernier cri.

Calez-vous dans le fauteuil, souriez lentement, hochez doucement la tête et applaudissez au ralenti. Levons nos verres, faisons-les tinter et buvons. Triple hourra pour le pantalon molletonné! Au nom des jambes confortablement enveloppées et bien au chaud dans leur pantalon, adressons au molletonné de sincères remerciements.

COOL!

Pratiquer le multitâche,
version brosse à dents

Quand on est à la maison, il y a une foule de choses à faire.

Comment, vous pensiez que les revues sur la toilette allaient se classer toutes seules? Et que le rideau de douche allait se tirer et se fermer grâce au majordome virtuel?

Non, mais, un peu de sérieux: n'est-il pas important d'optimiser l'emploi du temps quand on brosse nos dents plus ou moins jaunies? Entre vous et moi, on a compris les mouvements de base après une centaine de brossages. Après ça, il suffit de deux minutes de temps libre chaque soir pour un nettoyage en règle. Si vous vous reconnaissez dans cette description, félicitations. Vous êtes un spécimen: le brosseur ambulant.

Décrivons le personnage. Le brosseur ambulant ne s'inquiète pas: il sait que ses molaires ne vont nulle part. Il prend donc le temps de vérifier ses courriels, de régler le réveil ou de mettre le bas de son pyjama sans interrompre le brossage.

Si vous êtes comme moi, l'activité que vous faites en vous brossant les dents, peu importe laquelle, finit toujours par prendre plus de temps, mais ça fait partie du plaisir. Disons, par exemple, que vous enlevez vos chaussettes d'une main et que vous vous brossez les dents de l'autre. Eh bien, c'est un deux minutes passé à sautiller étrangement, en essayant de se débarrasser de ses bas, tout en perdant la concentration nécessaire au brossage. La brosse risque même de vous sortir de la bouche une fois ou deux. Vous finissez par vous retenir au comptoir avant de tomber, une chaussette à moitié enlevée, avec des coulées de dentifrice sur le menton.

Un de ces quatre, vous réussirez.

Ce jour-là, vous serez accueilli au sein de la Société des brosseurs ambulants, la SBA. Confrères et consœurs, vous savez de quoi je parle. Vous savez que le multi-tâche sollicite une petite partie de votre cerveau. Maintenant, au lieu de rêvasser ou de vous examiner les rides dans le miroir, vous pouvez cracher le dentifrice dans le lavabo avec satisfaction, sachant que la pile de revues est classée et prête pour la nuit.

COOL !
———

Profiter d'un espace double longueur dans une aire de stationnement

Sortir d'une place de stationnement à reculons, ça n'a rien d'une partie de plaisir.

Il faut regarder d'un côté et de l'autre, vérifier les rétroviseurs, reculer très lentement, déterminer quelle distance sépare votre voiture de sa voisine. C'est un virage en trois, quatre ou cinq manœuvres. Il faut se dévisser le cou, exposer les roues à une tension incroyable, cabosser un pare-choc et éviter de justesse d'emboutir un panier d'épicerie.

C'est risqué.

Alors, ne courez pas de risques inutiles, et optez pour le classique stationnement sans souci. Le truc consiste à dénicher une place double longueur. Vous entrez par la première et vous vous garez dans la seconde. Au moment de partir, vous pourrez filer capot devant.

Vous allez faire vos courses, un sourire satisfait aux lèvres, parce que vous obtenez deux places pour le prix d'une. Quand vous revenez, vous souriez de nouveau, et la journée est merveilleuse. C'est deux pour un, encore une fois.

COOL !

Arriver au mois
des trois chèques de paye

Boucher, boulanger, cordonnier.

Quel que soit votre métier, si vous avez un patron, il y a de fortes chances que vous soyez payé toutes les deux semaines. Peut-être aux deux jeudis ou aux deux vendredis, on verse quelques dollars dans votre compte bancaire ou un chèque passe de main à main.

Si c'est votre cas, vous aimerez les deux mois de l'année où vous touchez trois chèques au lieu de deux. Personne ne sait comment ça se produit ni pourquoi, mais soyons solidaires, ici, et convenons de ne pas chercher à le savoir. À la réception du troisième chèque, levez les sourcils, jetez très lentement un œil à gauche, puis à droite, hochez presque imperceptiblement la tête, et continuez de vaquer à vos occupations.

Si vous remboursez une hypothèque ou un prêt-auto, ou si vous avez des factures d'interurbains astronomiques, vous accueillerez ce petit extra avec joie.

Libre à vous d'en faire ce que vous voulez: une deuxième portion au resto, du carburant à indice d'octane élevé, ou le bas de laine pour les périodes de vaches maigres.

COOL !

Respirer l'odeur des livres

Quand j'étais petit, ma mère me faisait la lecture avant d'éteindre la lumière.

En fait, il serait plus juste de dire qu'elle lisait avec moi. Nous avions une entente : elle lisait le côté gauche de la page et moi, de peine et de misère, je lisais le côté droit, le doigt suivant chaque mot. Je la laissais m'aider pour la prononciation des mots difficiles.

Avec le temps, nous avons lu ensemble bon nombre de vieilles collections prises dans des ventes de garage, des librairies et des bibliothèques du quartier. Nous avons découvert la vie des *Monsieur Madame,* de *Curious George* et des *Berenstain Bears.*

À l'occasion, nous allions à la librairie le samedi matin.

C'était un plaisir toujours renouvelé pour moi de marcher sur ces planchers de bois qui craquent, de flâner dans la section des revues et de jaser avec le personnel amical. Des monsieurs qui portaient des lunettes, la barbe et de grands cardigans. Je respirais à pleins poumons l'odeur capiteuse du papier frais, des boîtes de carton, de la colle des reliures, entremêlée aux effluves de café.

L'odeur des livres me rappelle mes longues soirées à préparer un examen de bio, entre les rayons de la bibliothèque de l'université. Elle me rappelle mes vacances d'été à la mer, où je m'appuyais sur les coudes pour lire, étendu sur une serviette de plage chauffée par le soleil. Elle me rappelle les lourds volumes de l'encyclopédie qui trônait dans le salon, quand j'étais enfant. Vous savez, celle que j'utilisais pour rédiger à la dernière minute un travail sur la mante religieuse, le Nigeria ou les Jeux olympiques de 1972.

L'odeur des livres, ça me rappelle l'apprentissage de la lecture et l'exploration du monde.

J'adore me promener tranquillement dans les librairies, en pensant à toutes les histoires qui habitent les pages qui m'entourent. L'humanité a consacré des vies entières à explorer la Terre et à réaliser des expériences, à s'initier aux mystères et à enseigner les langues, la cuisine et le jardinage, pour nous emmener dans des contrées exotiques.

L'odeur des livres, c'est l'odeur de l'humanité qui se rassemble pour documenter, divertir et expliquer, et ce sera toujours ainsi. C'est une bouffée d'humanisme et de sagesse.

COOL !

Faire la file avant qu'elle soit vraiment longue

Il y a des files partout, on n'y échappe pas.

Il y en a des petites, des rapides, des droites et des courbées. Mais il y a **5 files** qui sont pires que les autres. Estomacs fragiles, s'abstenir.

1. *À l'aéroport.* Bacs de plastique, chaussures, trousseaux de clés et portables volent dans tous les sens. Le chaos exaspérant des files qui s'entassent devant les détecteurs de métaux et les rayons X. Les grands-mères font sonner les détecteurs et des gardiens fouillent dans leurs sacoches à la recherche d'indices terroristes, tandis que les gens se bousculent, vidant et remplissant leurs poches. En même temps, une odeur de petits pieds s'insinue dans la foule.

2. *À la banque, le vendredi midi.* Même si le guichet automatique suffit à vos besoins, il y a de bonnes chances que le client juste devant vous fasse des dépôts dans quatre comptes distincts.

3. *Au bureau des permis de conduire.* Ajoutez quelques photos d'identité et examens de la vue, et la file interminable n'en finit plus de circuler, du matin au soir.

4. *Aux toilettes à la fin du film.* C'est déjà assez décourageant quand la file atteint la porte d'entrée, mais le comble, c'est quand, en ouvrant ladite porte, vous découvrez un tas de gens remuants entassés le long des lavabos, les bras croisés et l'air renfrogné. La version boîte de sardines de vessies lourdes et de nuages sombres. Pas rigolo du tout.

5. *Aux endroits où on retourne les cadeaux de Noël.* C'est la pire de toutes. Compte tenu de la longueur de la file, pourquoi ne pas garder la sorbetière et le dernier gadget en matière de tire-bouchon ? Laissez tomber, rentrez chez vous et noyez vos peines dans une bouteille de shiraz, avec un bol de sorbet tiède et coulant.

Comme vous le voyez, notre quotidien est fait d'interminables files. Parfois, vous les évitez, parfois elles vous happent. Mais une chose demeure : le plaisir de faire la queue dans un lieu où on a l'habitude d'attendre, juste avant que la file devienne vraiment longue.

Quand vous êtes le premier à longer le parcours cordonné de velours, à arriver au comptoir des sandwichs le midi, à tomber sur l'employé du bureau des permis qui revient de sa pause, n'avez-vous pas l'impression d'avoir vaincu le système ?

En vous retournant pour voir les pauvres gens qui attendent, vous n'en croyez pas votre chance. Souriant timidement, vous hochez la tête sans trop d'enthousiasme : vous savez que vous reviendrez ici un jour.

Mais, aujourd'hui, vous avez remporté une victoire !

COOL !

Glisser dans des draps propres et avoir les jambes fraîchement épilées

— • • —

Des jambes lisses, lisses, des draps fraîchement lavés : un voyage soyeux dans le monde des rêves.

Paraît-il.

COOL !

Connaître la flèche
du réservoir d'essence

Levez la main si, en arrivant à la station pour faire le plein d'essence, vous vous êtes déjà garé du mauvais côté de la pompe, avec le bouchon du réservoir qui se trouve de l'autre bord.

Eh bien, mes amis, vous n'êtes pas les seuls.

J'ai conduit des voitures dont le bouchon du réservoir était à gauche et d'autres, à droite. Avec mon amnésie-sélective-du-côté-du-bouchon, je gare toujours la voiture du mauvais bord. Quand j'approche des pompes, j'essaie désespérément d'apercevoir le bouchon dans mes rétroviseurs. Je suis généralement assez certain d'avoir vu un léger renflement, même si j'attrape ensuite un torticolis. Mais quand je descends, je constate mon erreur, je donne un coup de poing sur le coffre et je fais une manœuvre en sept étapes pour virer la voiture de bord avant que quelqu'un me vole la place.

C'est assez laid à voir.

Réjouissez-vous, mes amis : il y a de l'espoir pour les gens comme nous. À mon grand étonnement, j'ai découvert, sur le tableau de bord, une flèche qui indique la position du bouchon du réservoir. Imaginez ça ! Posée juste à côté de l'illustration d'une pompe à essence, elle pointe vers le bon côté de la voiture. Je sais, je sais, c'est fou. Et je devine que le responsable du marketing a fait une gaffe, parce que tous ceux à qui j'ai posé la question (n=3) n'avaient jamais entendu parler de cette flèche.

La prochaine fois que vous serez dans la voiture, regardez la petite flèche qui pointe vers la droite ou la gauche, comme une amie qui vous donne un tuyau, très subtilement. Une lampe de poche au fond d'un placard ou un phare au bout d'une jetée qui se perd dans la brume. Ah, la noble flèche qui vous indique de quel côté garer votre pauvre voiture dépourvue d'intelligence.

Merci, flèche. D'ici à ce que les fabricants décident de mettre des bouchons des deux côtés ou inventent un réservoir sans fil qui se remplit en passant par la radio, je crois que je parle au nom de l'humanité entière quand je dis que nous t'aimons, ma petite.

COOL !
___

Voir la neige tomber
un 24 décembre

Les gros flocons de neige qui emplissent le ciel, la veille de Noël, quel spectacle privilégié! Ils brouillent le monde et déposent un canevas vierge sur la terre. Si vous êtes à l'intérieur, en train d'écouter des cantiques, de piquer des biscuits dans la cuisine ou d'étrenner un chandail rouge en parlant avec la famille dans le salon, prenez le temps de regarder par la fenêtre. Appréciez la beauté du paysage.

COOL!

S'amuser avec un bébé sans avoir à lui changer la couche

Économisez vos sous.

Les bébés ne veulent pas de poupées qui parlent, ni de jeux de société, ni de bâtons de baseball. Ils veulent juste jouer à des jeux comme L'araignée qui monte, qui monte, On brise les lunettes, On tire les cheveux, On fait coucou, On déchire le papier d'emballage... À vous de les inventer au fur et à mesure.

C'est très amusant de jouer avec un poupon. Pas besoin de chercher des piles ou des dés, ni de mettre ses souliers. Il suffit de faire des grimaces, de parler avec une voix de bébé et d'imiter un avion avec la main. Il rira comme si vous étiez l'humoriste le plus drôle du monde.

Excellent pour l'ego.

Mais toute bonne chose a une fin. Vous savez ce que je veux dire. Maman ou papa entre dans la pièce, prend bébé, le renverse et jette un coup d'œil dans la couche.

Et qu'est-ce qu'on y trouve? Une fabrique de chocolat qui fait des heures sup.

Quand vous entendez: «Je crois que quelqu'un a besoin d'une nouvelle couche», dirigez-vous furtivement vers la cuisine. La pause couche interrompt la fête, mais celle-ci reprendra dans une dizaine de minutes. Vous aurez fini votre collation et n'aurez qu'à demander, mine de rien, «Hé, est-ce que je peux continuer à jouer avec le bébé?»

COOL!

S'endormir sur le siège arrière, tard le soir

Le ciel étoilé et le doux ronron du moteur vous invitent à vous étendre sur le siège arrière pour vous reposer les yeux. Le chemin du retour sera long.

Que vous soyez une ado qui rentre d'un party ou une grand-mère qui se fait reconduire après une soirée de bingo, il n'y a rien de plus agréable que de sombrer dans les bras de Morphée, alors que la Volvo rouillée roule doucement sur les routes sinueuses de l'arrière-pays.

Des phares se pointent dans l'obscurité et vous réchauffent les paupières en vous croisant. Mais l'habitacle replonge aussitôt dans la noirceur, que la faible lueur de l'horloge du tableau de bord brise à peine.

Si vous êtes petit et chanceux, vous portez votre pyjama sous votre manteau d'hiver. Si vous êtes endormi une fois rendu à la maison, on vous portera jusqu'à votre lit. Et si vous ne l'êtes pas, vous ferez probablement semblant de l'être.

COOL !

Commander des articles
qui ne sont pas sur le menu

Avez-vous déjà mangé un lait fouetté à la napolitaine chez McDo?

C'est-à-dire trois saveurs superposées dans la même coupe – chocolat, fraise et vanille –, qu'on mange en créant des remous épais et glacés, du brun pâle moucheté de rose. Mon ami Chad était un accroc de la chose quand il travaillait chez McDo. Il a vite été saturé des options du menu régulier et, avec ses collègues, il a commencé à bricoler dans la cuisine des préparations exotiques, mais instables et imprévisibles, avec les ingrédients du bord. L'équipe de savants fous a essuyé quelques échecs et créé de véritables horreurs mais, de temps à autre, elle étonnait avec une trouvaille inespérée, qui devenait un prolongement non officiel du menu.

Un monde s'est ouvert à moi quand j'ai compris, grâce à Chad, qu'on pouvait commander des trucs qui n'étaient pas sur le menu dans les restaurants-minute.

Depuis, j'ai découvert d'autres secrets. En voici quelques-uns.

- *Chez Wendy's – Le Grand Slam*. Si le hamburger simple, double ou triple de Wendy's ne vous satisfait plus, pas de tataouinage : commandez le massif burger à quatre galettes. Aussi connu sous le nom du Quadruple classique et du Cube de bœuf.

- *Chez Wendy's – Le Barnyard*. Tenez-vous bien : une galette de bœuf, du blanc de poulet épicé, du bacon et une tranche de fromage entre chaque rangée. Une épreuve parfaite pour l'initiation des nouveaux étudiants.

- *Chez Starbucks – La Short Cup*. Même si le format le plus petit sur le menu ne l'est pas vraiment, on peut tout de même en demander un. On vous le préparera, à l'abri des regards indiscrets, pour le café entre les pauses-café.

- *Chez Starbucks – Le Red Eye*. Un café filtre relevé d'expresso. Personnellement, je ne suis pas amateur de café, mais je me suis laissé dire qu'on peut aussi commander un café doublement relevé d'expresso. C'est le Black Eye. Mais si on demande un expresso triple dans son café filtre, je suppose que ça devient un Zombie en transe.

- *Chez Subway – La quesadilla*. Tard le soir, le personnel vous en préparera peut-être une, si vous avez de la veine. Un roulé de poulet, fromage et légumes, passé sous le gril.

- *Chez Subway – Le Sous-marin pizza*. Ce délice, à ce qu'on dit, c'est comme le Sasquatch. Certains l'ont vu ici et là, et des vidéos à l'image granuleuse ont probablement été falsifiées. Pendant qu'on y est, mentionnons un autre favori : le fossé. Au lieu de couper le pain en deux, on y creuse un fossé pour distribuer plus également les viandes froides et les légumes. Cette version du sandwich crée un effet ailé : les tranches de mortadelle pendent de chaque côté de l'objet, comme des ailes.

- *La plupart des restos de poissons-frites – Les bouchées de pâte, autrement dit des restes de friture*. J'ai connu une fille qui en raffolait. Penchée sur le comptoir, elle chuchotait quelque chose à l'oreille de la serveuse, et celle-ci, d'un air entendu, lui remettait un sac en papier graisseux rempli de morceaux de pâte tombés dans la friture par accident. Aïe, aïe, aïe ! C'est le fond du baril des choix hors menu. Il y en a des vertes et des pas mûres, croyez-moi.

- *Chez McDo – L'économiseur de saveur*. Une spécialité plutôt rare, où un employé super sympa vous envoie une rasade de caramel ou de fudge chaud au fond du cornet de crème glacée. Les heureux élus n'en peuvent plus d'arriver à la fin du cornet, comme on peut l'imaginer.

- *Chez McDo – Des frites à la sauce Big Mac (voir l'illustration)*. Beaucoup posent les frites sur le hamburger, et je reconnais que c'est délicieux. Mais ce que je suggère ici, c'est de mettre en valeur la meilleure caractéristique du burger sur vos frites. Faites la sourde oreille si vos artères protestent, et demandez un gobelet de sauce Big Mac pour faire trempette.

- *Chez McDo – Le Big Mac avec les galettes du McPoulet ou du Quart de livre (voir l'illustration).* Une version alourdie du Big Mac qui se transforme en une demi-livre viandeuse ou un Big McPoulet.

Voilà qui élimine les premières bouchées redoutées de pain-pas-de-viande ! Je suis convaincu qu'il existe des centaines de plats hors menu dont je n'ai jamais entendu parler. Et c'est justement la beauté de la chose. Toutes ces petites surprises qui n'attendent que vous pour les découvrir.

Il est bon de savoir qu'on peut commander des trucs qui ne sont pas sur le menu dans les restaurants-minute. Que vous soyez le client fidèle qui a envie de quelque chose de nouveau, la fine bouche qui a des restrictions alimentaires ou le type grincheux qui exige des plats spéciaux en donnant quelques coups de canne, vous apprécierez la marge de manœuvre.

Peu importe nos origines et nos goûts, tout le monde apprécie un petit spécial pour le lunch, de temps en temps.

COOL !

Payer avec la monnaie exacte

Mettez-vous à la place d'une caissière dans un super-marché bondé, la semaine avant Noël.

Vous êtes compétente dans votre poste. Vous connaissez les codes des produits presque par cœur. Vous suivez le rythme de l'achalandage, passant avec fluidité un client après l'autre sans créer d'embouteillage. Et hop, une carte de crédit, et hop, une carte de débit, et ça roule !

Si vous avez déjà travaillé derrière une caisse, vous savez de quoi il retourne. Et vous savez qu'une seule chose peut vous ébranler et vous faire trébucher, comme les bâtons dans les roues d'un vélo…

C'est de ne plus avoir de monnaie !

Ça se produit soudainement. Une minute, tout baigne, et la suivante, vous vous confondez en excuses au client à qui vous devez rendre 58 cents en sous noirs. Vous jetez un coup d'œil à la file qui s'allonge, en espérant qu'on ouvrira une autre caisse, le temps qu'on vous apporte de la monnaie. C'est un sentiment terrible.

Nous, les vétérans de la caisse, on a des frissons juste à y penser.

C'est pour ça que, quand les caissières et les caissiers voient arriver quelqu'un qui paie avec la monnaie exacte, c'est tout un soulagement pour eux. Et, en prime, le client peut se vider les poches et alléger son fardeau. Tout le monde y gagne.

Parfois, c'est la prime au carré: vous avez la somme exacte et, une fois l'achat réglé, vous vous êtes débarrassé de toute votre menue monnaie. C'est-à-dire que vous avez en poche huit pièces de monnaie qui totalisent 74 cents, et que le total est de 5,74 $. Pas besoin de sortir un dix. C'est comme si vous aviez gagné le gros lot!

COOL!
———

Baigner dans un silence absolument parfait

COOL !

Prendre une douche… enfin !

Deux jours sans douche, ce n'est pas nécessairement désagréable. Quand on est en camping, on est en symbiose avec la nature. À la maison, on est en symbiose avec le week-end paresseux. Et si on est en voyage, on est en symbiose – forcée – avec un vol international aux escales retardées.

Quoi qu'il en soit, on ne fait qu'un avec notre moment zen malpropre. Et c'est *full nice*.

Mais après deux jours, ça nous tombe dessus: on a besoin d'une douche, et ça presse. Et pas moyen d'en prendre une avant d'arriver à la maison. Voilà, soudainement, que notre *trip hippie* est f-i fi, n-i, ni.

À partir de ce moment-là, on n'arrête plus de penser à cette douche. Ça vire à l'obsession: on commence à remarquer des taches de saleté sur nos bras et nos jambes. On sent la fine pellicule de chasse-moustiques et de crème solaire sur notre peau. En ramassant des branches pour le feu de camp, on se passe la main dans les cheveux, et on y trouve un perce-oreille mort.

Le fond de la tête nous pique au point où c'est à peine endurable. Et, pour tout dire, la région de l'aine manifeste de plus en plus sa présence.

D'où le bonheur de prendre une douche... Enfin! Sentir la saleté partir, comme en témoigne le savon plus tout à fait blanc. Généreux sur le shampoing, on se couvre le cuir chevelu d'une couronne de mousse. On en a plein les oreilles, mais ce n'est pas grave. Il y a déjà du sable. On nettoie ses écorchures. L'eau chaude nous masse doucement le cou. On souffle fort du nez. Enfin, on se décrasse le visage des vestiges de toiles d'araignée, de la cendre et de la poussière.

Nous revoilà!

Frais, pimpant, brillant comme un sou neuf grâce à un bon savonnage, on s'est métamorphosé en la personne proprette qu'on était quelques jours plus tôt. Chevelure reluisante, peau rose et lisse, cuir chevelu réhydraté. Ouf! Sans oublier la région de l'aine...

COOL!

Humer l'odeur de l'essence

Dites-moi une chose : avez-vous déjà baissé la vitre de la voiture pour humer les émanations ? En faisant le plein, avez-vous laissé tomber quelques gouttes sur votre chemise, pour emporter l'odeur avec vous ? Vous êtes comme moi, je le sens : vous savez que l'odeur de l'essence est un des simples plaisirs de la vie.

Je connais plein de gens qui croient qu'elle est néfaste pour le cerveau. Selon eux, les émanations font disjoncter les circuits cérébraux à cause des hydrocarbures en suspension qui s'en dégagent. L'équivalent d'une poche de rats dans une cuisine de restaurant, ou d'une canette de Coke dans le ventilateur de votre portable. Et vous savez quoi ? Ça se peut qu'ils aient raison. Je suis entièrement d'accord sur le fait que respirer ces émanations est mauvais pour la santé. La question est réglée. Mais la bonne vieille odeur d'essence qui parfume la station-service ? Je dirais que le jury délibère encore là-dessus.

Comprenez-moi bien. Quand mon père immobilisait la vieille familiale à côté des pompes de Shell, je sortais de la voiture et j'aspirais une pleine bouffée de cet air chaud et gazeux. J'adorais ça, mais sans savoir pourquoi. Est-ce que je me sentais comme l'homme des bois qui sort de sa cabane avec une tasse de café, le boulanger qui retire des croissants chauds du four ou le sommelier qui agite un gros verre de merlot avant d'y mettre le nez?

Pour un enfant qui a grandi en banlieue, l'odeur de l'essence à la station-service du coin appartient au même genre d'expérience. Une des odeurs réconfortantes de la vie. Une odeur qui vous identifie, qui dit quelque chose de vos origines.

Et de vos convictions.

COOL!

S'attacher à son oreiller

En voyage au Nouveau-Mexique, je roulais un jour en silence sur un long tronçon d'une autoroute bordée de rochers rougeâtres. Ty était assis à ma droite et Chris, sur la banquette arrière. À brûle-pourpoint, Ty se tourne vers moi et me demande : « Ça fait combien de temps que t'as ton oreiller ? »

Quand on fait de la route, on parle à bâtons rompus et on laisse venir les questions. Sinon, il faut se taper des jeux plus ou moins imbéciles et écouter les mêmes quatre CD *ad nauseam*. Alors, j'ai réfléchi à la question un moment, et j'y ai répondu sérieusement : « Tu sais, je ne me souviens pas d'avoir jamais été sans mon oreiller. Je pense que je l'ai depuis au moins 20 ans. Il est vieux, usé, taché, mince comme une galette, mais je l'ai depuis toujours. Je pense que je ne trouverai jamais un oreiller aussi bon et aussi plat. Je vais donc garder ma vieille affaire jusqu'à ce qu'elle se désintègre ou que je la perde. »

Le regard toujours fixé sur la route, j'ai joué un peu avec les boutons de la radio, mais Ty me dévisageait, l'air complètement horrifié. Incrédule, la mâchoire tombante, il a gardé le silence une longue minute. «Tu sais», a-t-il fini par dire, les sourcils froncés d'inquiétude et la tête se balançant pour se convaincre qu'il était important de m'annoncer la nouvelle, malgré sa gravité, «tu n'es pas censé garder un oreiller plus d'un an. C'est très, très mauvais pour toi. »

«Ah bon, ai-je répondu, trouvant enfin un poste de radio potable. C'est juste un oreiller. »

«Oh que non! a-t-il enchaîné. Ce n'est pas juste un oreiller. C'est une masse dense de pellicules, de peaux mortes, d'acariens et de bave, accumulée pendant des années. C'est plein de bactéries, qui ont eu l'occasion de se multiplier et de bâtir des citadelles! Je te le jure. J'ai vu ça dans un reportage à la télé. »

Après une pause, j'ai fait un «pffffftt» définitif, enfilé mes verres fumés et monté le son de la radio.

Vaincu, Ty a abdiqué, préférant me laisser souffrir des conséquences cauchemardesques auxquelles je m'exposais en dormant la tête sur mon oreiller, plutôt que de gaspiller de la salive à essayer de me convaincre du contraire. Nous avons roulé en silence, regardant le monde défiler devant nos yeux sur ce long tronçon d'autoroute.

J'ai laissé ses paroles se perdre et disparaître dans les méandres de mon cerveau, mais, à vrai dire, je ne voulais pas vraiment y penser.

Je ne voulais pas envisager la possibilité de devoir remplacer mon oreiller. Qu'est-ce qui peut remplacer le confort d'un oreiller, hein ? Je parle de l'oreiller avec lequel vous dormez toutes les nuits. Celui qui a épousé les formes de votre tête, qui a été gonflé et aplati, puis tourné et retourné. Il a jauni, c'est vrai, il y a bien quelques cheveux ici et là, mais… il vous connaît. Il vous aime, même. Huit heures par nuit depuis des lustres.

J'ai déjà entendu un humoriste décrire son oreiller comme s'il s'agissait d'un pansement de la guerre de Sécession. C'est comme ça que je vois mon oreiller. Un pansement qui caresse délicatement ma tête lasse et usée, qui lui fait oublier la réalité du soir au matin.

Et c'est pour ça que je dors mal sans mon oreiller. Je sais que j'ai l'air un peu con d'apporter mon oreiller sous le bras, mais que voulez-vous, c'est comme ça. Imaginez que je passe la nuit chez vous et que vous me balanciez un de ces trucs minces, rembourrés avec une cinquantaine de poignées de styromousse de qualité industrielle ! Je ne prends pas de chance non plus avec les oreillers gonflés des hôtels et les inventions ergonomiques, qui nous donnent l'impression d'avoir la tête montée sur une rampe pour fauteuil roulant.

Parlons maintenant de votre oreiller. Vous en avez un, vous aussi. Avez-vous déjà essayé de changer d'oreiller avec quelqu'un pour une nuit ? Ça ne marche pas, n'est-ce pas ?

Votre oreiller vous connaît : il a vécu avec vous les hauts et les bas, les cauchemars, les larmes. Vous avez traversé beaucoup d'épreuves ensemble, vous êtes unis comme les doigts de la main. Donc, la prochaine fois que vous passez la nuit ailleurs, apportez votre oreiller. En échange d'un peu moins d'espace pour les bagages, vous aurez des heures de confort au creux de la nuit, et un subconscient bienheureux.

COOL !
———

Recevoir une lettre manuscrite

Il est parfois déprimant d'ouvrir sa boîte aux lettres.

Des fois, il n'y a rien. Absolument rien. Une boîte vide, personne de par le vaste monde n'a pensé à vous aujourd'hui.

D'autres fois, c'est le contraire : un tas de factures et de dépliants. Quelqu'un qui vend des climatiseurs, la banque qui veut encore de l'argent, et la pizzeria du coin qui offre une nouvelle croûte. C'est bon à savoir, mais c'est juste un peu ennuyeux, tristounet à la limite.

C'est pourquoi, après des jours et des jours de ce traitement, il y a de quoi se réjouir quand on trouve dans sa boîte une enveloppe manuscrite. Ces missives en voie d'extinction sont précieuses.

- *L'encre.* Si vous êtes assez chanceux pour recevoir une vraie lettre, vous connaissez le plaisir de tenir ce chef-d'œuvre. Des mots gravés sur les deux côtés de la feuille, qui se froisse dans la main. La texture, vraie, honnête, à l'image de la personne qui a mis un peu d'elle-même dans cette enveloppe et vous l'a envoyée. Si j'étais un arbre, je serais fier qu'on utilise les restes de ma pulpe pour écrire une lettre. Mes feuilles verseraient une larme de joie.

- *L'odeur.* Elle n'est pas très forte, mais elle dégage parfois comme un souvenir de crème à mains ou de parfum. De toute manière, n'importe quoi est préférable à l'odeur de l'encre des dépliants produits en série, surtout une encre de mauvaise qualité qui poudre et s'effrite dans les plis du papier. On en retrouve sur son pantalon et sous ses ongles. Et pourquoi? Pour que Visa puisse nous informer de son nouveau taux d'intérêt!

- *La totale.* Quand on reçoit une lettre manuscrite dans le courrier, on voit et on sent tout de suite la différence. Ça peut être une carte de remerciements dans une petite enveloppe rouge (c'était un mariage) de papier fait main, avec un timbre apposé exactement au bon endroit. Où une lettre de votre fils qui est dans une colonie de vacances, avec des taches d'encre et de boue. Le petit a collé l'enveloppe avec du ruban adhésif, sa lettre repliée plusieurs fois la faisant bomber, et il a mal épelé l'adresse.

- *L'originalité.* Il n'y a pas deux lettres manuscrites pareilles. Quiconque vous écrit a passé beaucoup plus de temps à tracer les mots que vous n'en passerez à les lire. Et pour écrire ces mots juste pour vous, votre correspondant a sorti sa plus belle écriture, sa plume et son papier, et a payé le timbre pour la poste. Madame, Monsieur, peu m'importe la froideur de votre cœur, vous devez admettre que c'est plutôt cool.

C'est la rareté d'une lettre manuscrite qui la rend si fantastique. La plupart d'entre nous auront probablement plus de chances de voir la comète de Halley s'écraser sur le Sasquatch chevauchant le monstre du Loch Ness que de recevoir d'un ami un mot écrit à la main.

Alors, gardez ces lettres précieusement, si et quand vous en recevez. Si ça ne se produit pas, vous pourriez y remédier.

Envoyez-en vous-même une ou deux.

COOL !

Construire un fort en coussins

Construire une forteresse dans la salle de séjour, c'est du sérieux.

C'est une leçon préparatoire au travail d'équipe, à la confiance en soi et à l'art de la guerre. Ça s'enseigne habituellement à la maternelle. Voici les **6 étapes** à suivre.

- *Étape 1 : le ménage et le ramassage.* Repoussez la table à café et les tapis, rangez les jouets en plastique, puis commencez à rapailler des matériaux de construction. Les coussins du sofa d'abord, ça va de soi, mais aussi des oreillers, des draps et des sacs de couchage. Est-il vraiment nécessaire d'ajouter que, si la famille a fait livrer un nouveau frigo et que la boîte en carton traîne encore dans les parages, il faut s'en emparer derechef : votre forteresse compte maintenant une tanière.

- *Étape 2 : le bâtiment principal.* Certains commencent par étendre un sac de couchage en guise de tapis. D'autres préfèrent s'attaquer directement aux murs et à la toiture. Pour les murs, plusieurs techniques conviennent: retourner les fauteuils et les sofas, mettre la table à café sur le côté ou simplement empiler les coussins. Pour le toit, il s'agit de disposer soigneusement quelques draps sur les murs de la forteresse et de maintenir les coins en place avec des boîtes de conserve ou des dictionnaires.

- *Étape 3: les accessoires.* On passe maintenant aux munitions. Votre forteresse a besoin d'ouvertures pour voir venir l'ennemi, d'une porte secrète pour filer en douce en cas d'attaques surprises et de lampes de poche pour naviguer sur ce terrain difficile. Sans oublier une télé et un Nintendo dans les baraques pour les longues nuits solitaires.

- *Étape 4: les cachettes.* Toute forteresse doit compter quelques cachettes, au cas où l'ennemi perce vos défenses. Prévoyez des faux murs en coussins ou une cachette sous une pile de couvertures sales. Une bonne cachette pourrait aussi servir de cachot pour enfermer d'éventuels prisonniers, leur chauffer les oreilles et les obliger à vous regarder jouer à des jeux vidéo pendant trois heures.

- *Étape 5: les provisions.* Il vous faudra une réserve cachée de trucs à grignoter tout au long de la journée. Voyez si vous pouvez vous en tirer avec des biscuits soda, des boîtes de céréales et des canettes tièdes de boisson gazeuse. À la guerre comme à la guerre, mon chum!

- *Étape 6: les touches finales.* Ne reste plus que les dernières touches, par exemple une sonnette parlante, un périscope en carton ou un gros morceau de film à bulles d'air sous le paillasson pour détecter les intrus.

Voilà, votre salle de séjour est une grande forteresse, une tour imprenable que vous défendrez tout en étant confortablement installé.

Les forts en coussins font appel à notre énergie créatrice par temps pluvieux. On doit planifier, concevoir, construire et relaxer dans les profondeurs de notre sanctuaire secret. Après tout, les enfants ont rarement l'occasion de s'évader. Les parents nous surveillent constamment dans la cour, nous amènent en vacances et nous laissent avec une gardienne. Alors, nos forteresses remplissent une fonction importante : ce sont des grottes, des week-ends au chalet, des voyages dans le Sud et des heures passées dans la tranquillité, avec soi-même pour seule compagnie, enroulé dans une pile de coussins tachés, de vieilles couvertures et de grandes idées au milieu de la pièce.

COOL !

Souffrir les douleurs
de l'entraînement

Je suis allé au gym l'année dernière. Sans blague. Oui, oui, moi, à la bedaine molle, les bras gros comme des spaghettis, et tout et tout. J'avais même des souliers de course d'un blanc resplendissant.

Aussi étonnant que ça puisse paraître, je ne suis pas un gars bien bâti. Plutôt du genre à m'appuyer sur des genoux décharnés pour faire des *push up*, à passer plus de temps à prendre des gorgées d'eau, à parler au personnel d'entretien et à essayer de comprendre le fonctionnement des machines, au lieu de les utiliser. Je ne me gonfle pas les pectoraux, je ne me sculpte pas les quadriceps et je ne m'écrase pas les deltoïdes (pour ceux qui savent où ils sont). Si ma visite au gym était un court métrage, il aurait pour titre *S'étirer en survêtement*.

Voici tout de même le compte rendu de ma visite.

Il est 8 h 45. Je bois de l'eau à petites gorgées, en essayant de comprendre comment faire du *bench press* pendant qu'un régiment du troisième âge en tenue moulante passe devant moi à vive allure, l'air sévère et les épaules entourées d'une serviette. On aurait dit qu'il y avait une vente de gruau ou un marathon de *La roue de fortune* au fond du gym, tellement ces grands-pères et ces grands-mères avaient l'air investis d'une mission. Je me renseigne et j'apprends que le camp d'entraînement est sur le point de commencer.

Mon esprit imagine tout de suite des vieillards qui rampent dans des tranchées boueuses, en tenue de camouflage. Je les vois traverser des rapides bouillonnants, pendus au bout d'une liane, ou faire feu d'une seule main, debout sur le toit d'une voiture abandonnée. D'où me viennent ces images? Je l'ignore, mais elles m'invitent à suivre le régiment ridé dans la salle d'aérobie.

Est-ce que je dois vraiment vous raconter la suite?

Des objets en plastique et en mousse sont éparpillés sur le plancher. Les haut-parleurs crachent une musique rythmée, pendant qu'un sergent instructeur, coiffé d'un serre-tête, se met à hurler des ordres. Aidé par l'adrénaline, comme un perdu, je monte, je descends, je soulève des poids. Je donne un coup de pied, un autre, je ramène et je prie doucement. Au bout d'une quinzaine de minutes, c'est à peine si les petits vieux transpirent. Moi, je suis plié en deux, la bouche complètement sèche, en sueur de la tête aux pieds, une douleur aiguë sur le côté. Pendant tout ce temps-là, le sergent instructeur, qui porte des bas de réchauffement mauves, me crie furieusement: continue, n'arrête pas, encore deux minutes, encore une minute, et on recommence!

Intense!

À la fin de l'entraînement, j'avais les muscles en compote et les tibias écorchés. On aurait dit que j'avais déboulé cent marches et atterri sur un site de construction. J'agonisais, mais...

J'aimais la sensation.

J'avais le sentiment d'avoir réussi. D'avoir accompli quelque chose. Des picotements de satisfaction parcouraient mes mollets en lambeaux. J'ai même ressenti un tiraillement persistant de fierté pendant trois jours. La douleur se mêlait à une joie tranquille.

Quand on met la barre un peu plus haut que d'habitude, quand on se donne plus qu'on ne s'est jamais donné et qu'on se pousse au-delà de la douleur, par chez nous, on dit que c'est rien de moins que...

COOL!
_____

Passer par la porte juste avant qu'elle se referme

De petites doses d'adrénaline nous inondent le sang chaque fois qu'on réussit cette manœuvre, même si elle est assez répandue.

Le retour à la maison après le boulot se transforme alors en une sorte de film d'Indiana Jones, plus précisément dans la scène où le héros se faufile sous le mur à la dernière seconde. Vos mains restent propres : vous n'avez pas touché la porte. Vous ne perdez rien de votre superbe et vous glissez comme une couleuvre sans vous retourner, en espérant que personne ne reçoive la porte en pleine face.

COOL !

Apprécier la tempête de neige

Il existe, selon moi, **3 sortes de tempête.**

1. *La tempête annoncée.* La ville s'immobilise sous une couche de verglas, et un mètre de neige fondante s'abat ensuite. Il va falloir au moins deux jours pour s'en remettre, et on décide à l'avance de fermer les écoles. C'est une bonne tempête, mais ça manque d'anticipation. C'est la moins intéressante des trois.

2. *La très probable tempête.* Il neige fort depuis la veille. On rapporte des sorties de route et des plaques de glace noire. Les gens s'installent chez eux, une boisson fumante à la main, et écoutent le bulletin météo à la radio. La neige devrait continuer à tomber toute la nuit. Vous vous endormez tout excité, en pensant que la ville sera paralysée demain. La veille est presque aussi agréable que la journée de congé comme telle, parce que vous faites des plans, vous reportez vos devoirs à plus tard et vous appelez vos amis. Bien sûr, de temps à autre, vous constatez

en vous levant qu'il fait beau et que les routes sont dégagées. Un vrai mystère, mais rarissime.

3. *La tempête surprise.* C'est la meilleure. La veille, personne ne se doute de quoi que ce soit. Vous soupez, vous faites vos devoirs, vous vous brossez les dents, une soirée comme les autres à la maison. Mais le lendemain matin, on frappe à votre porte, et maman ou papa vous annonce qu'il fait… tempête! Wow! Pour un enfant, c'est le paradis. Les devoirs sont faits, l'école est fermée et c'est la journée parfaite pour jouer avec les copains. Aucun risque de déception, puisque vous n'aviez pas d'attente au départ. Vous voulez passer l'après-midi dans le sous-sol avec des jeux vidéo? Pas de problème. Construire un bonhomme de neige et pelleter l'entrée contre rémunération? Pourquoi pas! Bâtir des forts élaborés en vue d'une méchante bataille de boules de neige? Je suis partant. On n'a qu'à être l'enfant qu'on est et à s'amuser.

Donc, quand il commence à faire frisquet, croisons-nous les doigts dans l'espoir d'un hiver blanc. Pourvu que ce ne soit pas un de ces hivers qui n'en est pas un. Passons plutôt une commande d'un hiver record, disons quatre ou cinq grosses tempêtes, même six tant qu'à y être. Qu'El Nino soit avec nous. Parce que, mes amis, nous savons tous qu'une journée de tempête, c'est une bonne journée.

COOL!
___

Prendre l'avion seul
pour la première fois

Prendre l'avion peut être terrifiant.

Il faut d'abord se rendre à l'aéroport, habituellement perdu dans un coin de la ville où on n'a jamais mis les pieds. Pour se rendre, il faut emprunter soit une autoroute congestionnée, soit une bretelle de sortie réservée, sinon prendre le métro ou l'autobus et descendre dans un terminus qui empeste les émanations de diesel.

Une fois rendu à l'aéroport, ça ne s'améliore pas vraiment.

Des tableaux numériques indiquent les heures de départ, des flèches pointent dans toutes les directions et des files sinueuses mènent à un tas de comptoirs d'enregistrement. Il faut remplir des formalités de douane, peser les bagages, vérifier les passeports et imprimer les cartes d'embarquement.

Trimballant tant bien que mal vos documents et vos bagages, vous passez devant un chien détecteur de bombes, puis dans un détecteur de métal pendant qu'on fouille vos bagages. Vous vivez ensuite un moment d'anxiété quand on vous sépare de votre valise, qui s'enfonce dans un tunnel noir.

Et ce n'est pas fini.

Vous devez trouver la porte d'embarquement et prêter l'oreille aux annonces confuses de retards et d'annulations. Vérifiant une énième fois que vous avez tous vos papiers et que vous êtes bien à la porte d'embarquement pour New York et non New Delhi, vous vous demandez si vous n'avez pas entendu votre nom par hasard, si c'est à votre tour de monter à bord ou s'il y aura assez de place pour vos bagages à main quand vous aurez enfin trouvé votre siège.

Prendre l'avion peut être terrifiant.

Mais rappelez-vous la première fois où vous l'avez pris seul.

Cette première est une expérience exaltante ! Tellement de choses pourraient aller de travers, mais quand vous avez passé toutes les épreuves – documents, postes de contrôle, etc. –, et que vous êtes enfin assis dans l'avion, vous planez avant même le décollage. Une fois dans les airs, l'agent de bord vous file une ration supplémentaire de grignotines pendant que vous inclinez votre siège, fermez les paupières, souriez et repensez à tout le chemin que vous avez parcouru… parcouru… parcouru…

Une succession de flashs, comme des cartes postales défraîchies, défilent devant vos yeux : des tricycles, puis des bicycles, l'enfant de 8 ans, craintif sous son gros casque, qui pédale sous l'élan le long du trottoir, qui découvre un quartier peuplé de parcs et de ruelles. Désormais trop vieux pour des culottes courtes, vous vacillez jusqu'au terrain de jeux et au dépanneur, loin, loin de chez vous. Suçant des *popsicles* avec vos amis, vous inspectez les fourmis, montez les glissoires à l'envers et regardez le monde avec des yeux écarquillés.

Un saut dans le futur, au jour où vous vous êtes rendu compte que vous saviez conduire. Après des examens stressants, vos parents vous remettent enfin les clés de la bagnole, malgré leur nervosité. La ville vous appartient, et vous la sillonnez avec l'insouciance propre à la jeunesse. La route que vous suivez mène à des rues éloignées et à des centres commerciaux, et vous souriez, la main à l'extérieur de la vitre, la brise vous caressant le visage. Des cafés à l'autre bout de la ville se sont rapprochés, et vous roulez tard la nuit pour aller manger une frite avec des amis, pendant que vos parents se tordent les mains d'inquiétude devant la télé, attendant votre retour au bercail.

Ding, ding ! Vous ouvrez les yeux, c'est le temps d'attacher votre ceinture. En redressant votre siège, vous regardez par le hublot... N'est-ce pas que vous en avez parcouru du chemin ?

Les gros porteurs vous emmènent de Séoul à Sydney à San Francisco, et le monde s'ouvre comme une huître. Vous éprouvez un intense sentiment de liberté en regardant votre ville se transformer en un vague treillis d'ocres et de bruns.

Au sentiment de liberté s'ajoute celui de la fierté : prendre l'avion seul pour la première fois. Vous avez grandi, vous vieillissez, vous avez pris de l'assurance, c'est à vous maintenant de diriger votre propre vie.

COOL !
———

Prendre le dernier morceau
en magasin, et c'est votre taille

Tout commence par la chasse.

Vous déambulez dans le centre commercial, à la recherche de petits hauts ou d'un nouveau jean. Vous entrez dans les magasins, faites un rapide tour d'horizon et ressortez vite fait. Vous sentez les tissus du bout des doigts, jetez un coup d'œil aux instructions d'entretien. Devant le miroir, vous imaginez le pantalon sur vous, en vous pliant les genoux et en faisant une petite moue. Enfin, vous pensez à regarder le prix.

Vous avez l'habitude, tout va bien, comme prévu. Mais la journée avance et il est presque cinq heures. Vous n'avez encore rien trouvé, vous avez les jambes molles, votre chum est endormi sur le canapé masculin et vous avez très soif, mais très, très soif.

Pourtant, vous n'arrêtez pas, ne voulez pas et ne pouvez pas arrêter de marcher, de magasiner. Avec acharnement, vous continuez, vous vous traînez de magasin en magasin, essayant de garder la tête haute. Vous ne jetez pas l'éponge, oh non madame ! Pas avant d'avoir trouvé quelque chose et de l'avoir payé.

Votre ténacité est récompensée : vos yeux se posent sur le petit haut parfait, là, de l'autre côté du magasin. Vous retenez votre souffle, vérifiez de plus près : la couleur vous va, le tissu est de qualité, le prix abordable, l'entretien pas compliqué, mais…

Ont-ils votre taille ?

Vous cédez à la panique. Frénétique, vous cherchez votre taille. Une succession de 14, 16 et 18 ans, puis un 2 ans. Ah non, une journée gaspillée ! Vos mollets vous font mal, vous avez l'estomac dans les talons. Avez-vous survécu sur une barre tendre pendant six heures pour rien ?

Pendant que l'inquiétude s'installe, le miracle se produit. Vous trouvez votre taille !

Les nuages s'effilochent, le soleil brille, les trompettes retentissent et les anges chantent. Vous avez réussi, on ne sait trop comment, à trouver le dernier article en magasin à votre taille. Alléluia ! À vous l'une des **3 versions** de cette classique euphorie.

1. *Le dernier de la pile.* Vous en avez votre claque des tailles jumbos, mais là, sous le dessous de la pile, vous trouvez la taille parfaite, cachée à l'ombre. Belle prise !

2. *L'égaré.* Les employées arrivent à peine à remettre en place les articles que des clientes ont essayés. La

blouse parfaite s'égare dans un dédale de chiffons. Vous la trouvez, toute froissée dans une salle d'essayage ou sur le comptoir, derrière la caissière. Belle prise !

3. *Le transféré*. Sur le plan technique, ce n'est pas le dernier article de votre taille, mais c'est tout de même un classique. Vous vous roulez en boule et commencez à pleurer, de grosses larmes morveuses tombent sur le plancher pendant que vous tapez du poing, jusqu'à ce qu'une vendeuse sympathique appelle dans un autre magasin de la chaîne et vous dise qu'on a votre taille. Belle prise !

Et maintenant, vous riez.

Vous vous étirez le dos et retournez à la voiture, stationnée à l'autre bout du centre. Le soleil se couche sur le stationnement, une énergie nouvelle et un sentiment d'accomplissement vous habitent. Votre journée a été productive, enfin. Vous avez fait de l'exercice, votre chum est encore en vie. Bravo !

COOL !

Changer ses habitudes quand
le patron est en voyage

Qui est libre pour un lunch de trois heures?

COOL!

Planifier ses roupillons

Si vous êtes comme moi, jour après jour, vous luttez contre votre réveille-matin. Une succession interminable d'affrontements épiques entre deux facettes de votre petite personne, l'éveillée et l'endormie. Chacune défend son droit à l'existence, et se bat férocement pendant la première demi-heure de la journée.

Parfois, j'ai l'impression que, si on donnait les commandes à notre subconscient, on serait nombreux à passer la journée à paresser dans un monde de rêves et de draps froissés. Vous savez ce qui arrive – le soir, une jeune femme sensée se couche avec un bon plan pour le lendemain. «Je vais aller courir un peu avant d'aller au boulot, se dit-elle. En revenant, je me ferai un peu de gruau.» Mais au réveil, l'insensée a pris le dessus et sabote la journée. «Pourquoi pas se rendormir», suggère-t-elle à la sensée, qu'elle convainc facilement, avant d'appuyer sur *snooze*. «Encore dix minutes, ma jolie!»

Depuis quelque temps, j'essaie de ruser avec l'endormi en moi, mais mon arsenal ne compte que deux armes.

Primo, mettre le réveille-matin à l'autre bout de la pièce. Ça donne à l'éveillé en moi le temps de se réveiller et de prendre le dessus. *Secundo,* retarder l'heure du réveil, faisant croire à l'endormi qu'il va me mettre en retard.

Après avoir joué à ce petit jeu pendant des années, j'ai fini par atteindre le point de rupture. Je n'en pouvais tout simplement plus.

Désormais, mon truc, c'est de plaire à tout le monde. Eh oui! je continue à sommeiller après la sonnerie, et je conserve mon emploi en même temps. Mon secret? Les réveils planifiés. Je m'accorde le droit de me rendormir un certain nombre de minutes après la première sonnerie et le *snooze,* et je comptabilise ces minutes dans mes heures de sommeil. Autrement dit,

je donne à mes mini-sommes le mérite qu'ils réclament, à juste titre, depuis belle lurette. Ils font maintenant partie intégrante de mon quotidien.

Bref, si vous devez sortir du lit au plus tard à 8 heures,
mettez le cadran à 7 h 30. Soyez indulgent avec l'endormi en vous, et planifiez trois périodes de *snooze*.
Vous verrez, vous y gagnerez. Ces périodes de 9 minutes
en prime, peuplées de rêves saisissants et de bave
fraîche sur l'oreiller pour en témoigner, vous paraî-
tront avoir duré des heures. Vous vous réveillerez frais,
heureux et souriant.

Et quand on vous demandera, au cours de la journée,
comment vous avez dormi, vous n'hésiterez pas à leur
répondre.

COOL !
————

Savoir manger
dans les buffets à volonté

Que ce soit un lunch au restaurant chinois, un brunch au Holiday Inn ou une réception de mariage, on a de bonnes chances de se retrouver devant un buffet à volonté.

Si, comme moi, vous êtes amateur de buffet, vos papilles s'excitent et vos pupilles se dilatent en voyant cette longue table qui regorge de plats fumants et de nappes entrecroisées. Dès le signal, vous attrapez une assiette et la bourrez de pain, de quelques salades et viandes froides, cette première tournée complétée par une soupe won-ton. Pour la deuxième tournée, vous y allez pour les plats principaux. Un peu de poulet Kung Pao bien collant, du pain doré détrempé ou quelques fines tranches de rosbif nappées d'une sauce aux champignons. Puis, vous remettez ça une troisième fois. Objectif desserts: quelques carrés assortis, une petite tranchet de gâteau au fromage ou de la crème glacée rose fluorescent qui se balade dans l'assiette.

Évaché sur votre chaise, la panse prête à exploser, les paupières lourdes, vous devez trancher l'ultime question : y retournez-vous une quatrième fois ?

En règle générale, la quatrième assiette, c'est une bonne idée avant de l'avoir mangée, et une moins bonne idée après. C'est la portion après la portion d'après. C'est l'assiette des meilleurs succès, une collection de délices réunis pour la finale, avant la tombée du rideau.

La quatrième assiette est aussi la marque de l'amateur de buffet : il sait que la deuxième assiette a été la meilleure et, en réalité, il en veut encore. Pendant des années, j'ai avalé la quatrième assiette d'un buffet indien, près de l'université. Des pains nans d'une exquise douceur, du poulet au beurre épais et crémeux, et de l'agneau épicé mijotant dans un généreux bouillon. C'était trop. Je m'effondrais à tout coup, et je rentrais chez moi le ventre prêt à éclater.

Depuis, on m'a enseigné l'art de manger dans les buffets à volonté. Chacun a sa propre méthode, mais voici ce que l'expérience m'a enseigné.

1. *L'examen préliminaire.* Ne faites pas ce que je faisais, c'est-à-dire prendre aveuglément un peu de tout. Passez d'abord la marchandise en revue. Comme un détective, ouvrez les casseroles fumantes une après l'autre, à la recherche de celles qui ont été fraîchement regarnies ou qui causent un attroupement. Privilégiez les valeurs sûres, comme l'omelette ou la

pièce de viande qu'un individu coiffé d'une toque s'amuse à débiter. En faisant le tour, sondez votre appétit. Évaluez l'intérêt de chaque plat en fonction de son pouvoir de vous satisfaire. Le pain, la soupe et la salade passent rarement le test. Si vous les laissez aux autres, vous gagnez une autre assiettée.

2. *Les liquides plus tard.* Les boissons sucrées vous remplissent de glucides, ce qui vous laisse moins d'espace dans l'estomac. Si vous reportez le Pepsi, vous aurez plus de place pour les plats chauds.

3. *L'échantillonnage.* Mon père est le spécialiste de l'assiette d'échantillons. Quelques minutes après avoir mis les pieds dans le resto, il se retrouve assis devant une grande assiette blanche regorgeant de petites portions de tous les hors-d'œuvre et entrées. Se les envoyant une après l'autre avec une minuscule fourchette, il les évalue à voix haute – des huuummm à répétition – avant d'arrêter son choix. Si vous avez assez de volonté pour réaliser cette étape, vous serez récompensé. Vous saurez que vous aviez raison de le faire si votre prochaine assiette ne contient que les deux favoris. Bien fait pour vous.

4. *Des voyages décalés.* Si vous êtes avec des amis, n'attendez pas que toute la tablée ait fini sa première assiette avant de faire la queue avec le troupeau pour la seconde. Non, allez-y en solo, et ramenez à vos amis les dernières nouvelles: les primeurs, les incontournables, les plats frais et les plats réchauffés. Vos amis vous rendront la pareille

quand vous les verrez revenir à la table en courant pour vous informer qu'on vient juste d'apporter un nouveau plat de crevettes à la noix de coco! Également, assurez-vous de nommer un surveillant, c'est-à-dire une personne qui aura un point de vue non obstrué sur le buffet et qui avertira la tablée de tout plat fumant qui sort des cuisines.

5. *De grosses assiettes, toujours.* Laissez les petites assiettes pour la salade et le dessert aux autres, trouvez où se cachent les grandes assiettes, et appréciez-les à leur juste valeur. Elles vous le rendront en vous laissant éparpiller les mets, évitant de les empiler et d'aboutir avec la sauce à rosbif dans la salade César.

6. *Un dernier rouleau impérial.* Quand l'addition arrive, prenez votre temps. Faites un tour de table pour voir qui peut encore en prendre. Comme vous avez été si occupé à vous goinfrer et à faire des visites répétées au buffet, c'est le moment de renouer avec vos amis. Après une dizaine de minutes, ou tout au plus une quinzaine, quelqu'un flanchera et dira: «Ok, un dernier rouleau impérial.» Victoire!

Avec ces quelques conseils et vos observations personnelles, je suis certain que vous maîtriserez l'art du buffet à volonté. De là, plus rien ne pourra vous arrêter. Mangez, mon ami, mangez tout ce que vous pouvez.

COOL!
—————

Trouver de l'argent dans la poche d'un vieux manteau

Mon ancienne coloc faisait le tri d'anciennes cartes d'anniversaire quand un billet de 20 $ tout frais est tombé de la carte délavée que lui avait envoyée sa grand-mère il y a longtemps. La surprise dessinée sur le visage, elle m'a regardé et m'a décoché un beau clin d'œil !

Qui n'aime pas trouver un billet de 10 $ mouillé et froissé dans l'anorak de ski qu'on sort de la laveuse, ou plié dans la poche d'un veston démodé ? On n'a peut-être rien sans rien, mais ça, ça s'en approche.

Trouver de l'argent qui nous appartient, c'est un peu comme découvrir une nouvelle monnaie qui ne peut servir qu'à l'achat de choses inutiles. Dans d'autres circonstances, on n'y aurait même pas pensé. Par exemple, une casquette de p'tit gars, une tablette Toblerone de 400 grammes ou de l'essence à indice d'octane élevé. Autrement dit, c'est de l'argent à flamber.

Les pessimistes diront que le temps et l'inflation ont érodé cet argent, qu'il a perdu de la valeur et n'a pas accumulé d'intérêt pendant que le coût de la vie augmentait... Si j'avais dépensé la somme avant de la perdre, me disent-ils, j'en aurais eu davantage pour mon argent. Me réjouir aujourd'hui, ça revient à célébrer ma propre stupidité !

Mais, mon cher pessimiste, il s'agit ici d'argent trouvé, que tu avais oublié, qui n'était pas prévu dans le budget, qui n'y figure même pas. Tu ne l'as promis à personne, tu ne le dois à personne. Les quelques sous d'intérêt sacrifiés, c'est bien peu de choses à côté de ce billet que tu tiens à la main, le bras levé vers le ciel. L'odeur de boule-à-mites, de Tide ou de Grand-mère ne lui enlève pas de valeur. Tu peux le dépenser. C'est un cadeau du ciel.

COOL !
___

Succomber à l'écho du rire

En 10e année, assis à la cafétéria, mon ami Mike s'est fait gicler du jus en pleine face. Il pensait que la boîte était vide et l'a serrée très fort. Un torrent de jus de pomme l'a complètement trempé. Les cheveux mouillés, les cils dégoulinants, la bouche contorsionnée en grimace, il n'était pas beau à voir, mais tout le monde autour de la table se tapait sur les cuisses.

Au fil des ans, chaque fois que je repensais à Mike, le visage étonné et collé de jus, j'éclatais de rire. C'était plus fort que moi. C'était l'écho du rire.

Quoi ? Vous ne connaissez pas l'écho du rire : rire à voix haute au souvenir d'une chose comique ? Ça peut vous arriver n'importe quand, à la maison ou avec des amis, et même dans un lieu public bondé. Là, c'est encore mieux !

Rire est excellent pour les bipèdes que nous sommes. Ça protège le cœur, réduit la glycémie après le repas, facilite le sommeil, nourrit le système immunitaire et sollicite le cardio à petites doses tout au long de la journée. Vous avez sûrement vu des bébés rire de façon incontrôlée, sans raison apparente. Ils savent que c'est bon et viennent sans doute de se rappeler un truc rigolo qui leur est arrivé dans l'utérus de maman. Vous et moi, nous savons tous que les bébés ont beaucoup de choses à nous apprendre.

Alors, la prochaine fois que l'écho du rire vous frappe en public, laissez-le retentir. Complètement. La vie est si courte, il faut lui arracher autant de fous rires que possible. Comme ça, quand on sera vieux et gris, quand nos os seront plus fragiles que la porcelaine et que nos cheveux auront l'air de foin fané, on pourra se regarder, les yeux dans les yeux, et éclater de rire.

COOL !
___

Pleurer

D'après une étude parue dans *Scientific American Mind*, les hommes pleurent x fois par mois en moyenne, et les femmes, y fois. Essayez de deviner le nombre de fois (les réponses vont suivre).

Que vous soyez au-dessus ou en dessous de la moyenne, essayez de pleurer un peu plus. Quand vous sentez les larmes chaudes et salées prêtes à déborder, ne vous retenez pas. Vous avez intérêt à ouvrir les vannes, et voici pourquoi.

- *Les larmes du partage.* Pleurer nous rapproche des autres. Dans notre monde anonyme de communautés protégées, d'entrepôts géants et de virtualité rampante, les gens ont parfois besoin de l'attention d'un ami. Quand vous voyez votre ami pleurer, que faites-vous ? Vos yeux se remplissent peut-être de larmes, et vous le prenez dans vos bras. Et c'est probablement ce dont il a besoin. C'est peut-être même pour cela qu'il pleure.

- *L'effet sur le corps.* Comme des études l'ont montré, les larmes émotionnelles, à la différence des larmes causées par un oignon ou un cil, libèrent toutes sortes d'hormones, qui relâchent la tension et rééquilibrent les niveaux de stress du corps. N'avez-vous jamais dit : « Ça va, j'ai pleuré un bon coup » ? Si oui, vous savez que pleurer rétablit le déséquilibre chimique quand on en a le plus besoin. Reconnaissons que c'est cent fois mieux que de retenir ses larmes et de faire sauter la mécanique interne.

- *Des larmes parlantes.* Les bébés pleurent pour nous laisser savoir qu'ils sont fatigués, frustrés, effrayés, qu'ils ont mal quelque part ou qu'ils veulent vraiment, mais vraiment revoir la vidéo. Pleurer, c'est un moyen de communication primitif et universel, qui dit que quelque chose ne va pas.

Bien que les hommes ne pleurent en moyenne qu'une fois par mois et les femmes, au moins cinq, il reste de la place pour les larmes. Ne vous retenez pas parce que vous croyez que c'est embarrassant ou que c'est un signe de faiblesse. Ce n'est pas le cas. Quand le souvenir d'un proche qui n'est plus vous revient, quand des épreuves vous frappent de plein fouet, quand votre cœur s'emplit de joie, laissez couler vos larmes, sans honte et sans culpabilité.

Nous avons tous besoin de lâcher prise de temps à autre.

COOL !

Visiter la maison de son enfance

Au printemps de 2007, j'ai traversé le pays en voiture avec mes amis Chris et Ty. Chemin faisant, on a trouvé le moyen d'arrêter dans le misérable village de Paris, au Texas.

On y a visité l'usine de couches Kimberly-Clark, une tour Eiffel miniature et la statue de Jésus en bottes de cowboy. Ty voulait aussi passer dans son ancien quartier, pour revoir la maison de son enfance. On a donc emprunté des rues secondaires dépourvues de trottoirs, et Ty était déjà plongé dans un état de rêverie nostalgique. « C'est beaucoup plus terne que dans mon souvenir, a-t-il dit doucement. Et les arbres sont devenus si gros. »

On était à peine arrêtés devant son ancienne maison que ses yeux se sont écarquillés. On pouvait presque y voir défiler un flot de vieux souvenirs. Il est sorti de la voiture et s'est mis à marcher devant la propriété, pour s'imprégner des lieux.

Pour nous, c'était rien qu'un tas de planches de bois clouées ensemble, de briques et de vieux bardeaux. Mais pour Ty, c'était beaucoup plus. Retourner dans son quartier d'enfance et revoir les lieux où on a grandi, ça réveille de profonds souvenirs.

Selon l'heure et le lieu, vous allez peut-être remarquer des choses étranges.

Vous allez vous demander si les nouveaux occupants ont découvert que la porte de la clôture du côté peut servir de filet d'arrêt pour les exercices de lancer. Ou qu'il faut envoyer la balle dans le carré tracé à la craie pour qu'elle vous rebondisse dans les mains.

Vous allez remarquer qu'on a taillé le conifère dentelé qui produisait de petites baies dures comme la pierre, l'endroit idéal pour se cacher ou enterrer vos figurines de Musclor, quand vous avez eu l'âge de jouer avec les *Transformers*. Vous allez vous souvenir des fines aiguilles qui vous piquaient les bras, et de la terre qui vous collait aux coudes, quand vous vous y cachiez à la tombée du jour. C'était vraiment une bonne cachette.

Si vous avez l'audace de sonner à la porte ou de jeter un œil dans la cour arrière, vous allez voir qu'on a remplacé par une porte vitrée la porte moustiquaire qui claquait. Ou que les grosses pierres du patio sont encore là. Revivre un souvenir des anniversaires d'enfants où vous avez mangé trop de hot-dogs et joué à la tag, les pieds nus dans les pissenlits. Votre cerveau revoit toutes ces images: le soleil qui se couche au-dessus de la

clôture, les enfants qui mangent des *popsicles,* le bour-
donnement des maringouins à la tombée de la nuit.

Les taches d'huile de la camionnette de votre père
sont encore là. Les empreintes de petites mains que
vous avez faites dans le trottoir aussi. Le chien du voisin jappe-t-il encore quand on saute dans la piscine ?
Les lumières de Noël sont-elles toujours allumées à la
fin de janvier ? Les enfants grimpent-ils sur le capot de
la voiture pour *smasher* le ballon de *basket* dans le
panier ?

Les vieilles routes qui vous ont mené à la maison de
votre enfance vous ont fait voyager dans le temps. Vous
souriez à la pensée des nuits d'été, des vacances avec
vos cousins, des forteresses érigées dans le salon, le
samedi matin. Si votre maison d'enfance n'a pas été
rasée et qu'elle se trouve pas trop loin de chez vous,
allez-y donc, par un beau dimanche matin, pour faire
le plein de souvenirs.

COOL !
———

Rentrer de la dernière journée d'école

Mon ami Jason avait une tradition.

En rentrant à la maison, le dernier jour d'école, il arrêtait sur le pont qui enjambe le ruisseau, ouvrait son cartable et laissait tomber, dans le tourbillon des rapides, toutes les notes qu'il avait prises et tous les tests qu'il avait passés pendant l'année. En voyant l'encre baver et les feuilles s'imbiber avant d'être emportées par le courant, il pouvait finir son année scolaire et déclarer l'été officiellement arrivé. Un exercice thérapeutique, dans un sens.

Même si on ne fêtait pas tous la fin de l'année en polluant les cours d'eau, la dernière journée d'école a toujours revêtu une signification spéciale.

Je ne sais pas comment c'était chez vous, mais, dans mon coin, la commission scolaire ne fournissait pas l'air climatisé. Elle se disait qu'on pourrait endurer quelques semaines de chaleur avant les vacances. Quand l'été avait remplacé l'hiver, la sueur coulait et empestait, malgré des fenêtres invitantes, appuyées sur de vieux manuels et des règles jaunies.

À l'approche du dernier jour, une nouvelle odeur se faufilait. Elle venait des sacs à dos, des casiers et des vestiaires du gymnase, et dégageait des relents de renfermé : le caoutchouc du ballon chasseur, la cire à plancher bon marché, les médicaments contre l'acné et les moisissures de casier.

Cette odeur réussissait quand même à se faire oublier, dans l'excitation qui montait avec le mercure.

Les journées se succédaient de plus en plus vite, et les enseignants enseignaient avec un peu plus d'enthousiasme. Il y avait moins de devoirs, et les échéances allaient et venaient. Des débardeurs et des gougounes circulaient dans les couloirs. Les gens se regardaient dans les yeux et se souriaient, attendant que le grand jour arrive enfin.

Et puis ça y était. Le jour J arrivait.

Si vous étiez chanceux, votre enseignante avait préparé des petits gâteaux, qu'elle coupait avec un couteau en plastique. Tout le monde en mangeait, en se passant le livre de l'année ou en regardant une vidéo sans aucune valeur éducative.

Si les examens étaient finis, la moitié de la classe disparaissait, et les élèves qui restaient jouaient à Battleship, regardaient la partie de balle molle Enseignants contre Élèves ou se contentaient de ramasser leur bulletin.

Si vous étiez en dernière année, vous passiez probablement l'après-midi dans le stationnement, à frapper des cailloux du pied et à parler des choses qui allaient vous manquer, des souvenirs que vous emportiez. Par exemple, votre première cigarette, votre expulsion de l'équipe de *basket* et les drames qui entourent le bal des finissants.

Vous faisiez des plans : les partys autour de la piscine, les anniversaires d'été et les grasses matinées. Puis, sur le chemin du retour, le livre de l'année tout scribouillé sous le bras, vous ne pouviez vous empêcher de sourire, d'imaginer juillet et août à l'horizon, et de couver de grands rêves pour l'été qui s'annonçait.

COOL !
———

Approcher la fin du livre

Le livre vous a fait vivre beaucoup de choses.

Il y a une éternité, vous semble-t-il, que vous l'avez pris. Vous avez soulevé la couverture, sauté les premières pages et lu la première phrase. Peut-être avez-vous su dès le départ qu'il allait vous plaire. Ou, au contraire, vous avez peut-être hésité, attendant d'être séduit, songeant même à en prendre un autre sur la tablette.

Puis, vous avez été accroché.

Les personnages ont évolué, et quelques chapitres se terminaient même sur un suspense qui ne pouvait attendre au lendemain. Dans l'avion, vous avez ri de longues heures en tournant les pages. Au chalet, vos yeux se sont remplis de larmes et, pour les scènes encore plus émouvantes, vous vous êtes blotti sous une vieille couverture.

Quand on arrive à la fin d'un livre, on vit dans l'anticipation. Assis dans le silence, on a l'esprit qui galope, le cœur qui pompe et les oreilles qui se ferment aux bruits extérieurs. Des fois, on pose le livre pour aller à la toilette ou boire un verre d'eau, essayant de deviner la fin juste avant de la lire. Trouvera-t-elle sa mère? Admettra-t-il ses sentiments? Gryffondor gagnera-t-il la Coupe des maisons?

Certains savourent les dernières pages, d'autres les enfilent avidement. D'autres encore, ne pouvant résister au suspense, vont directement lire la fin. Mais peu importe, bientôt, on referme le livre avec un sourire de satisfaction, et on le pose sur la pile des livres fraîchement lus.

Finir un bon livre, c'est un des grands petits plaisirs de la vie.

Vous y êtes presque.

COOL!
———

Sourire au souvenir d'amis disparus

J'ai rencontré Chris Kim en septembre 2005, à Boston.

Coréen de petite taille, coiffé d'une casquette usée, il cachait ses yeux bridés derrière d'épaisses lunettes. Avec ses vêtements trop amples et sa petite voix, Chris me faisait penser à une souris. Bien que nous ne buvions pas beaucoup, nous nous sommes rencontrés dans un bar, moi sirotant un gin tonic avec une paille, lui tétant une bière déjà chaude.

Quand il m'a dit qu'il venait de Boston, je lui ai demandé comment se portaient les Red Sox. Il s'est montré accommodant, me répondant: «Grosse victoire hier soir. Ils ont peut-être encore une chance de faire les séries.» Il ne m'en fallait pas plus pour râler contre le groupe de releveurs et me demander si Curt Schilling avait encore assez de résistance pour mener les siens à la victoire. Chris hochait la tête, écoutait attentivement, posait des questions pertinentes. Nous sommes devenus amis en parlant de sport! Qui l'aurait cru? Bien sûr, Chris ne regardait jamais un match, mais il a été assez bon prince pour m'écouter déblatérer toute la soirée.

Fort en sourires sarcastiques, en pauses embarrassantes et en grimaces mi-moqueuses mi-sérieuses, Chris était un être complexe, fascinant et créatif. Il est devenu un ami très proche durant les deux années où nous avons fréquenté la même université. De petites choses l'excitaient, comme caraméliser des oignons à la perfection pendant une heure à feu doux, être sélectionné au hasard pour répondre à une enquête sur son écoute de la radio et apprendre un nouveau raccourci clavier dans Excel.

Ce n'est pas dans le bar, mais bien dans une voiture, que notre amitié s'est approfondie.

Le premier matin d'hiver, je suis arrivé à l'université en grelottant comme un malade, dans un manteau en nylon trop léger, les cheveux mouillés et le visage ruisselant. En me voyant, Chris m'a demandé où je vivais, et m'a offert de passer me prendre en voiture le lendemain. Comme je m'essuyais le visage avec une poignée de papiers-mouchoirs, j'ai accepté sur-le-champ. (Heureusement pour moi, Chris s'était porté volontaire comme étudiant de cycle supérieur dans une résidence d'étudiants de premier cycle hors campus. Pendant deux ans, il a passé ses temps libres à faire le chaperon pendant les partys, à soutenir les têtes au-dessus du bol de toilette et à réviser deux ou trois curriculum vitæ par soir.)

Il m'a pris le lendemain matin, et tous les matins de cours pendant deux ans – deux cents fois au moins –, sans jamais accepter un sou pour l'essence. «C'est sur mon chemin», disait-il. Quand d'autres étudiants ont entendu parler de mon service de voiturage, ils ont voulu se joindre à notre duo. «Hé Chris, s'il y a un blizzard demain, est-ce que je peux monter avec toi?» La veille, Chris envoyait un courriel à ses trois ou quatre passagers, les informant de l'horaire de ramassage du lendemain. Notre chauffeur se pointait à la minute près, emmitouflé dans son célèbre chapeau bleu et ses grosses mitaines. Nous nous empilions dans sa voiture, qu'il avait pris soin de réchauffer pour notre confort.

L'année dernière, j'ai anxieusement lancé le blogue qui est à l'origine de ce livre, me risquant dans le cyber-espace, au vu et au su de tous. Comme de raison, Chris a adopté le pseudonyme de son demi-frère mexicain, San Carlos, et a mitraillé le site de commentaires favorables dès le départ. Sur le film à bulles d'air, il a écrit: «Au téléjournal, on disait que le film à bulles d'air est un excellent isolant, alors, si vous avez froid, NE PAS LE FAIRE EXPLOSER, mais s'en servir pour se couvrir.» Sur la monnaie juste, il a écrit: «Je garde tous mes sous noirs dans la voiture. Et la prochaine fois que je passe au service à l'auto de McDo, je les lance au serveur… Non, pas tout à fait. Je les mets dans la boîte de la maison Ronald McDonald, sous la fenêtre.» Sur les plaisirs de jouer avec un bébé sans lui changer la couche : « Ça ne me dérangeait pas de changer la couche de mes neveux, mais quand ils ont commencé à parler, c'est devenu un peu gênant ! »

J'adorais son sens de l'humour et la manière dont il parlait de lui-même. Il avait un rire attachant, il s'enthousiasmait pour de petites choses, des détails que la plupart des gens jugent sans intérêt. Après nos études, on se parlait encore trois ou quatre fois par semaine, habituellement pour une quinzaine de minutes, mais des fois pendant une heure ou deux. Il me parlait du pain au levain qu'il avait fait cuire ce jour-là, du menu élaboré qu'il planifiait pour des amis, ou de l'article du *New York Times* qui devrait m'intéresser. Je lui demandais des idées pour des trucs géniaux – dieu sait qu'il en avait beaucoup –, et je pestais occasionnellement contre les Red Sox.

L'année dernière, Chris est décédé soudainement. Il avait 32 ans.

Rien ne pourra le ramener à la vie, aucune prière ni aucune demande lancée au ciel. Je sais qu'il est dans un endroit paisible, et qu'il voudrait nous voir heureux, simplement, en appréciant la vie autant que possible. Merci, Chris. Tu m'inspireras toujours.

Et tu resteras toujours aussi COOL.

Avoir la chance d'être ici, maintenant

Un soir, en mangeant, mon père a commencé à me raconter sa première journée au Canada.

C'était en 1968. Âgé de 23 ans, avec 8 $ en poche, il descendait de l'avion pour entreprendre une nouvelle vie, seul, dans un pays où il n'avait jamais mis les pieds.

« Un groupe communautaire offrait un souper d'accueil aux nouveaux immigrants. Et il y avait une grande table remplie de nourriture. » Il était excité à ce souvenir.

Je n'étais pas impressionné. « Une table remplie de nourriture », ai-je dit platement, les yeux fixés sur la télé, qui montrait les faits saillants de la partie de baseball.

« Une table pleine de choses à manger, a-t-il repris. Mais je ne reconnaissais rien, tu te rends compte, Neil ! Il y avait deux ou trois salades – patates, macaroni et peut-être chou. Quatre sortes de sandwichs, au jambon, à la dinde, au poulet et au rosbif. Puis les plats principaux, tu sais, comme une casserole de thon. Et des desserts, des tartes. Je n'avais jamais vu de tartes de ma vie.»

J'ai déposé la télécommande, et je l'ai regardé du coin de l'œil. Derrière ses épaisses lunettes carrées, il me fixait.

«Comment pouvais-tu savoir ce qu'il y avait sur la table?»

«Mon frère était là, alors je lui ai demandé. Les assiettes de viandes froides étaient différentes; plutôt que des morceaux de poulet, c'était des tranches, roulées et retenues par un cure-dent. Je n'avais jamais vu de viandes froides. J'avais vu du poulet en forme de poulet, mais pas de rouleau. Même chose pour le fromage, en tranches et en carrés.»

«Qu'est-ce que t'as mangé?»

«J'ai tout mangé, c'était le seul moyen de découvrir. Je n'en revenais pas de toutes les choses qu'on pouvait avoir ici.» Mon père m'amenait parfois à l'épicerie et s'émerveillait des étiquettes de fruits. Il était fasciné par les ananas du Costa Rica et les kiwis de la Nouvelle-Zélande. De retour à la maison, il lui arrivait d'ouvrir l'atlas pour voir où étaient ces pays. «Quelqu'un a apporté des dattes du Maroc et les a déposées à cinq minutes d'ici.»

Il souriait et hochait la tête.

Si je prends le temps d'y penser, beaucoup de choses ont dû se produire avant que nous puissions nous retrouver ici, maintenant. Il en a coulé de l'eau sous les ponts avant que nous puissions acheter des bananes de l'Équateur et manger des viandes froides. Avant de feuilleter des livres où on voit des photos d'oreillers frais et de sous-vêtements chauds. Avant d'apprendre à lire quoi que ce soit, avant de grandir, de parler, de marcher et même de naître.

Faisons une pause et revenons en arrière. Loin, loin, loin en arrière.

C'est parti. Au départ, vous étiez un spermatozoïde.

Ne soyez pas gêné. Nous l'avons tous été. Le point que vous voyez à la fin de la phrase mesure environ 600 microns. Quand vous étiez un spermatozoïde, vous n'en mesuriez que 40. Vous étiez tellement cute à l'époque, frétillant de la queue et heureux comme un poisson dans l'eau. Vous nagiez comme un pro. En fait, si vous n'aviez pas nagé plus vite que vos frères, vous seriez aujourd'hui une version légèrement différente de vous-même. Votre rire serait peut-être plus aigu, vos bras plus velus et votre taille, plus menue.

Votre vie de spermato a été belle, mais incomplète. À vrai dire, vous êtes resté incomplet jusqu'à la rencontre d'un ovule. Et là, ensemble, vous avez conçu un projet d'une durée de neuf mois, dont l'objectif était de créer une version cool de vous-même. Petit à petit, vos bras et vos jambes ont poussé, vos yeux et vos poumons se sont formés. Puis les nerfs, les ongles, les tympans et la langue.

Pour que le spermatozoïde rencontre l'ovule, votre mère et votre père se sont d'abord rencontrés. Mais pas seulement eux. Pensez à tous les gens avant eux qui se sont rencontrés, se sont aimés et ont fait l'amour pour que vous soyez ici. Il y en a eu beaucoup. Vraiment beaucoup.

Avant de vous concevoir, aucun de vos ancêtres ne s'est noyé dans un étang, n'a été étranglé par un boa ou n'a percuté un arbre en ski. Aucun de vos ancêtres ne s'est étouffé sur un noyau de pêche, n'a été piétiné par un buffle ou ne s'est pris la cravate dans une ligne de montage.

Aucun de vos ancêtres n'était vierge non plus.

Vous êtes l'étincelle la plus moderne, et la plus brillante lignée d'innombrables survivants qui ont tous dû faire connaissance pour que vous veniez au monde.

Votre grand-mère du XIXe siècle a rencontré votre grand-père du XIXe siècle à la fabrique de chandelles. Elle aimait ses favoris, et lui la trouvait jolie pendant qu'elle barattait le beurre.

Vos grands-parents du Moyen-Âge se sont rencontrés dans la tourelle du château, pendant qu'ils versaient de l'huile bouillante sur les barbares qui les assiégeaient. Elle a été attirée par ses grognements et lui, par la manière dont les fleurs dans ses cheveux faisaient ressortir sa généreuse poitrine.

À l'ère glaciale, votre grand-père, qui traversait le détroit de Béring dans sa petite laine de mammouth, a rencontré votre grand-mère qui venait dans le sens contraire, traînant un gros bâton. Il a trouvé qu'elle avait un joli collier en dents de tigre, et elle a été fascinée par ses sourcils, qui se touchaient au-dessus de son nez.

Dans la forêt tropicale, votre grand-père à poil ramassait des baies, tandis que votre grand-mère tuait des dodos d'un coup de lance pour le souper. Elle a été charmée par son *look* forestier, et il a su apprécier ses peintures rupestres. Sans le pique-nique qui a suivi, vous ne seriez peut-être pas ici.

Vous êtes un sacré veinard : tous ces gens se sont rencontrés, se sont aimés, ont fait des bébés, et les ont élevés pour que le cycle recommence. Génération après génération après génération. Regardez autour de vous, dans l'avion, au café ou dans le parc, ici et maintenant. Regardez votre mari qui ronfle à vos côtés, votre blonde qui regarde la télé, votre sœur qui joue dans la cour. Vous êtes entouré de gens chanceux. Tous sont le résultat d'une longue lignée de survivants.

Ça fait aussi de vous un survivant. Vous êtes le dernier de la lignée, et le plus célèbre. Vous êtes ce que la nature a de mieux à offrir.

Mais bien des choses ont dû se produire avant que vos ancêtres, costauds et fougueux, puissent se rencontrer et s'aimer encore et encore, pendant des centaines de milliers d'années.

Faisons une pause et revenons en arrière. Loin, loin, loin en arrière.

Allons-y.

Partons en expédition, et n'oubliez pas vos chaussures.

Prenez une boule de bowling, et laissez-la tomber à la limite de votre terrain. C'est notre Soleil. Je sais, le diamètre de la boule ne fait que 20 centimètres, alors que celui du Soleil est d'environ 1 400 000 kilomètres, mais c'est notre échelle pour ce petit exercice. Bien. Maintenant, faites dix grands pas le long du trottoir et déposez un grain de sel sur la pelouse du voisin. C'est Mercure. Encore neuf pas et un grain de poivre pour Vénus. Puis, encore sept pas, ce qui vous amène à deux ou trois maisons plus loin, et déposez un autre grain de poivre.

Vous avez compris.

Ce dernier grain de poivre, c'est la Terre.

Nous voici, nous prélassant au soleil, à 26 pas de la boule de bowling. Notre planète géante n'est qu'un petit point au milieu de nulle part. Mais le plus fou, c'est que l'immensité ne s'arrête pas là.

Poursuivons notre promenade. Mars ne se trouve qu'à deux maisons plus loin, mais Jupiter, à près de 100 pas plus loin, dans un autre quartier et à mi-chemin du dépanneur. En ce moment, un chien bave probablement dans les trous de la boule de bowling. Les enfants filent sur leur vélo, en mangeant des *popsicles* plus ou moins proprement et en se demandant qui est ce zinzin qui lance des miettes sur le trottoir. Une version banlieusarde détraquée d'Hansel et de Gretel ?

Si vous voulez que notre système solaire soit complet, vous devrez franchir trois cents pas de plus pour les planètes restantes, en déposant un grain de sel pour Pluton à près d'un kilomètre de la boule de bowling. Même avec des jumelles, vous ne verriez plus la boule et, de toute façon, il commence à faire froid et vous devez rentrer.

Mais voici le plus fou de l'histoire. Ce n'est que notre système solaire, notre tas de roches qui valse autour de notre grosse étoile, déguisée.

Or, il se trouve que notre grosse étoile, accompagnée de ses grains de sel et de poivre, est lancée sur la piste cosmique avec quelque deux cent milliards d'autres grosses étoiles. Il faudrait faire huit mille fois le tour de la Terre avec des boules de bowling pour représenter le nombre d'étoiles qui filent sur la piste de course. Vous ai-je dit le nom de cette piste de course ? Eh oui, Madame, Monsieur, notre galaxie, c'est la Voie lactée. On l'a sans doute nommée ainsi parce que les scientifiques qui l'ont vue la première fois étaient en train de manger les délicieuses barres de chocolat Milky Way.

Donc, notre boule et sa suite de grains cheminent sur la Voie lactée, une piste de course ridiculement géante, où circulent des milliards et des milliards d'autres boules de bowling, de grains de sel et de grains de poivre.

Maintenant, tenez-vous bien : ça, c'est notre galaxie, et il y a d'autres galaxies géantes dans l'espace. Combien ? Oh, pas tant que ça, mais tout de même plus que nous pouvons en compter. À vrai dire, on ne sait pas combien de galaxies tournent dans l'immense noirceur. On sait cependant que toutes les quelques années, quelqu'un regarde un peu plus loin que ses prédécesseurs et en découvre des millions d'autres dans le vide intersidéral. La portée de nos fusées et de nos télescopes les plus puissants ne nous permet pas de voir la profondeur de l'univers.

Si, devant cette immensité, on se sent petit, voire insignifiant, il faut savoir une chose. La plus importante. De tous les endroits que nous avons pu observer, et ça se compte par millions, il semble que la Terre soit le seul où l'on puisse vivre. Bien sûr, la vie pourrait exister sur des planètes que nous ne connaissons pas, mais ce qu'il faut surtout saisir, c'est que la Terre aurait pu être entourée d'une atmosphère irrespirable, plongée dans une noirceur perpétuelle ou exposée à des hivers de -200 quelques degrés Celsius, qui durent une vingtaine d'années, comme sur Uranus.

Sur la planète Terre, la seule dans la grande noirceur céleste où la vie s'est développée, nous sommes devenus des êtres humains. Félicitons-nous!

Sur le seul caillou propice à la vie, nous sommes la seule espèce capable d'amour et de magie, d'architecture et d'agriculture, de joaillerie et de démocratie, d'avions et d'ambitions. Nous sommes les seuls à avoir la décoration intérieure et les signes du zodiaque, des revues de mode et des partys, des films d'horreur avec des monstres, et des solos de guitare en concert. Nous avons des livres, des buffets à volonté, des ondes radio, des mariées et des montagnes russes, des draps propres et des sièges confortables au cinéma, des odeurs de boulangerie et d'autres moins agréables.

Nous avons tout ça, mais il y a un hic.

Nous n'avons guère plus d'une centaine d'années pour tout apprécier.

Désolé, mais c'est comme cela.

Tous les gens que vous connaissez seront morts dans cent ans – le contremaître de l'usine, les caissières de l'épicerie, les professeurs que vous avez connus, les personnes aux côtés desquelles vous vous êtes réveillé, les enfants du quartier, les bébés que vous avez pris dans vos bras, les mariées qui ont foulé l'allée centrale, les solliciteurs qui vous ont appelé à l'heure du souper, les politiciens de tous les pays, les acteurs de tous les films, les chauffards qui vous ont coupé sur l'autoroute, tous ceux qui sont dans la pièce avec vous en ce moment, tous ceux que vous aimez, et vous.

La vie est si merveilleuse que nous n'avons qu'un bref moment pour l'apprécier. Ce moment, c'est maintenant, et il nous est compté. Il est et sera toujours fugace.

Vous ne serez jamais aussi jeune que maintenant.

Que vous soyez en train de déguster vos premières viandes froides retenues par un cure-dents ou de vous émerveiller devant des pommes venues d'Afrique du Sud, de rêver à une étrange parenté qui a vécu il y a des milliers d'années ou de fixer le grand vide intersidéral, n'oubliez pas à quel point nous sommes tous chanceux d'être ici, maintenant.

Si vous éprouvez ce sentiment d'émerveillement et de beauté devant les petites joies de la vie, c'est que vous faites partie d'une bande internationale d'optimistes et de vieilles âmes. Comme eux, vous souriez sur les trottoirs, dansez dans les mariages et retournez votre oreiller de côté. Continuons d'avoir des idées de fous, de rêver des rêves impossibles et de rire à gorge déployée.

Merci, du fond du cœur, d'avoir lu ce livre.

Merci d'être si COOL !

À propos de l'auteur

Neil Pasricha travaille dans un bureau de banlieue, mange des plats surgelés pour souper et devrait aller au gym plus souvent. Il aime dormir du côté frais de l'oreiller, humer l'odeur de l'essence et peler une orange d'un seul trait. Son blogue (1000AwesomeThings. com) a conquis des millions d'internautes et remporté deux Webby Awards (la plus haute récompense du Net, selon le *New York Times*).